迸裂土地而出的力量

走過二十年，
十二個九二一災後
堅持至今的故事

謝志誠——著

目錄

*感謝陳鳳麗小姐協助分擔部份撰稿工作。

推薦序

回顧九二一

文——殷琪
欣陸投控股份有限公司董事長、
前財團法人九二一震災重建基金會董事長

一九九九年九月二十一日凌晨一時四十七分，台灣中部山區發生芮氏規模七．二的地震，車籠埔斷層的錯動造成地表破裂，劇烈搖晃整座島嶼。一百零二秒的地震致使兩千四百一十五人死亡，二十九人失蹤，一萬一千多人受傷，全倒與半倒的房屋超過十萬間。

自然災變的無情帶來渾沌的挑戰與生命的巨變。但也在這樣的強烈衝擊下，面對生命拋出的課題：生離死別、家園崩毀、創傷焦慮，迫使人們從不同角度重新檢視生命的寬度與可能。本書介紹的十二個案例，他們在災後分別從自身經驗及專長出發，身體力行地為「家」和「社區」作了寬廣的詮釋，以長者、孩童、產業、地方培力為核心，為區域提供穩定而深厚的服務力量。地震後近二十年，無論社會如何變遷，這些工作者依然堅守在各自崗位上，發展出最適合在地的樣貌，為想回家、想進鄉的青年開闢可依循的道路，也建構出可與外界對話、連結的管道。

突發的災難讓全國上下總動員，從中央到地方，公私協力，協調法規、調派設備、人力、匯集資金和資源，挹注災民救助安置及災區重建復原。中央政府將其中一部分的民間捐款匯入「九二一賑災專戶」，並於一九九九年十月三日成立九二一震災重建基金會（以下簡稱九二一基金會），由行政院聘請辜振甫先生擔任董事長，王金平、吳伯雄二位先生為副董事長，開啟九二一重建之路。

我個人跟九二一基金會的淵源，則是從基金會成立之初，便擔任董事；二〇〇〇年五月，民進黨政府執政後，行政院續聘辜振甫先生、王金平先生擔任九二一基金會董事長及副董事長，聘我為副董事長，同時聘任台灣大學謝志誠教授擔任執行長兼發言人。二〇〇二年七月三十一日，行政院改聘我為董事長，謝志誠教授也持續承擔重建的重任，直到二〇〇八年七月基金會任務完成並解散後，才隨之卸任。重建之路漫長，幸而有工作團隊堅定的投入，一往無前。

九二一重建乃是集眾人之力量與意志的重大工程，謝老師自投入災後重建工作以來，一直扮演著團隊靈魂人物的角色，不但透過深入瞭解和對話與地方團體建立互相信任的基礎，也一步一步地引導他們強化自主重建的信心，加上對災區重建理念及原則的堅持，讓工作團隊在住宅重建、生活重建、防災搶修復建、產業重建等規劃上都有扎實的投入。迨重建任務告一段落，九二一基金會於二〇〇八年七月三十一日解散，二〇〇九年十一月十八日完成清算後，將結餘現金及不動產全數移撥財團法人賑災基金會，但謝老師及其帶領的執行團隊所留下諸多寶貴經驗，至今仍深深影響參與重建工作的個人及團體。

災變毀壞了家園，卻為教育及地方發展開了另一扇門。硬體重建之外，重建工作者更應時時自我提醒：「人」才是最終目的，以人為本的關懷、前瞻視野、踏實行動，這些都是成就百年樹人的必要條件；而從本書各案例中的工作者身上，我看見無法被擊垮的堅持、動能與韌性，也從震後重生的契機中，看見羽化成蝶，自立改變地方的潛力。

推薦序

重建牽起生命連結，本心凝聚社會共好

文——蔡培慧
立法委員、
前財團法人九二一震災重建基金會執行秘書

九二一大地震，徹底改變了人生的方向

一九九九年九月二十一日凌晨一時四十七分，臺灣中部山區發生芮氏規模七．二的有感地震，造成建物全倒五萬一千七百一十一間，半倒五萬三千七百六十八間。二十年前的這場大地震，造成嚴重傷亡，也改變許多人一生的命運。

在九二一大地震前，我是個必須時常往返工作城市與農鄉之間的人。九二一那一震，我只有一個念頭：「我要回家。」回到南投、回到魚池、回到頭社，我迫切的想知道家鄉是否一切安好？房子是否倒塌？頭社壩是否潰堤？鄉親是否已安全脫困？在返家的路上，心情無比複雜。

記憶中的家，僅能在夢中回憶

九二一的震央在南投集集，造成當地人員傷亡慘重，多數建物傾毀。災後七十二小時是搶救的黃金期，每一個投入救災的人員都在跟老天爺比賽。為避免災情持續擴大，國軍進駐重災區域，開始透過機械進行救援工作、清運傾倒的房舍。為了在重災區把握時間救援，即便只是一面牆倒塌，也必須將房舍全數拆除。

經過漫長的駕車與徒步，我總算回到家。映入眼簾的家，門口全是一地殘磚斷瓦，記憶中的老家三合院土牆早因餘震不斷而散落，關於老家的一切，就停留在國軍救災的怪手。這麼多年過去了，我只能將過往與阿公阿嬤生活的點滴與童年記憶深埋心中，生命彷彿缺了一塊，空著，再也無法完整。

堅持不懈的韌性，跨過國界的圍籬、縣市的疆界，凝聚了「本心」

許多人自九二一大地震後，選擇與原本人生規劃相反的路徑走去。他們放下原本的生活，投身於南投，奉獻於農村，搭建起隱形於農村社會中的社會安全網。如空手道教練黃泰吉與廖德蘭，在地震過後，為尋找失聯的學生，從此移居南投二十年，貢獻空手道專業，投身偏鄉學童體育培訓與生活照顧。車行老闆邱慶禧成立工作站，投入地方的實體建設、社區服務、老人送餐與心靈重建。廖振益於災後發起共同開伙，與村民共食，開辦社區學園，成立福利協會，也透過產業推廣增加社區收益，改善生活品質。

紙教堂是一九九五年日本阪神大地震後，暫時替代原倒塌教堂的聚會所。二〇〇五年阪神地震十周年之際，紙教堂在新故鄉基金會董事長廖嘉展的努力下，漂洋過海來到臺灣，落腳埔里，持續給予人們安定的力量。「迸裂土地而出的力量」書寫了十二個九二一災後堅持至今，強韌不懈的經驗，為這近二十年來持續奮鬥的人留下軌跡。猶如紙教堂的移動，抑或是來自外地但投入南投工作的夥伴，不只是打破國界圍籬，跨越縣市鄉鎮的疆界，更是人與人之間「本心」的凝聚。

為家鄉與農村盡一份心力

那段日子，壓抑難過的情緒，我全心投入救災及復原的工作，也下定決心留在南投，與鄉親生活在一起，一磚一瓦重建農村。一九九九年震災後，我與韋薇修女帶領的新事社會服務中心在埔里宏仁國中設立原住民物資站，確保能夠將資源送往道路的每一個端點，協助二〇〇多戶移住、租屋於埔里的原住民短暫安置於宏仁國中，持續推進復原工作。在慈濟與各界善心人士協助下，於同年十二月在埔里建置大愛二村，安頓一〇五個受災戶。而後二〇〇〇年至二〇〇八年，我投入九二一震災重建基金會工作，陪伴受災家庭一步一步重建家園，更看見家鄉族群的多元性，發掘在地特色，促進地方經濟，活化、產業振興。大家現在所熟悉的「愛的書庫」、「居家照護」、「地方產業」及「老人送餐」等服務，都是當時基金會與投入重建的每一個夥伴所種下的種籽，至今仍持續生發、茁壯。

九二一雖然帶給人們難以抹滅的傷痛記憶，但臺灣社會將這份傷痛轉換為社會支持的力量，無論是農村振興，人際關係與資源流動，都有著不同的啟發。隨著世界的流變，我們也要往前邁進，用遼闊的視野，流轉在人與人間的正面力量，在尋求安身立命的同時，進一步凝聚共好的社會。

推薦序

堅持，讓社會充滿溫暖

文——張景森
財團法人賑災基金會董事長

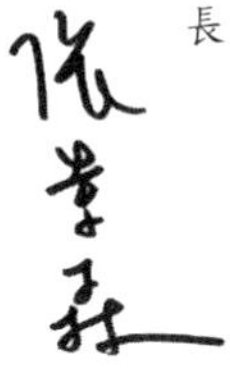

逝者如斯，一眨眼，九二一大地震已經是二十年前的事了，回想一九九九年九月二十一日凌晨一點四十七分起的幾十秒天搖地動，對於多數已成年的臺灣民眾來說，應該都是難以忘懷的恐怖經歷吧？

九二一的可怕何止天搖地動。地震過後，從受創最重的南投沿著車籠埔斷層、雙冬斷層往北走，隨處可以看到大地震後的破壞，根據行政院主計處統計，全國半倒及全倒的建築物高達八萬兩千餘棟，死亡人數高達二千三百七十八人，不但人員傷亡慘重，也震毀許多道路與橋樑、電力設備、維生管線等公共設施，更引發大規模的山崩與土壤液化災害，種種災情使得九二一大地震成為臺灣自第二次世界大戰以來最嚴重的自然災害。

然而，也正是在這樣嚴竣的災後，我們才更能看到人性的光輝與溫暖。在九二一發生之後，國內各大民間組織及宗教團體積極投入救災與捐助，民間各地捐款踴躍更是全台灣首見最大規模的募捐行動。保守估計，現金捐款總數高達新台幣三百一十五億元。全國三十三個受災鄉鎮市區，進駐的民間工作團隊保守估計達一百三十個個！同時，為了促使龐大的民間捐款可以有效分配以及確認流向，在各界社會賢達人士投入下，全國民間災後重建聯盟因此應運而生。

然而，投入災區的工作團隊，不管是外來者，或者在地的自發者，其實大部分都是擁有理想與熱忱，但卻不見得具備爭取資源的本領，因此在災變半年之後，隨著外界的關注漸次減少，資源也逐漸耗盡，儘管有全盟提供協助，但隨著其二年階段性任務的圓滿解散，大部分自主的工作團隊終究還是逐漸地在彈盡援絕下逐一選擇結束任務，退出災後服務。

然而，九二一的災害影響真的太大了，絕非短短的兩、三年災後服務就可使受災地區以及居民浴火重生，因此仍有一批人秉持著信念，咬牙堅持下來，他們繼續用自己的理念與方式，陪著社區一起發展，其中更有從受助者轉變成助人者，在莫拉克風災發生後，用自身的經驗與歷練，陪伴、協助莫拉克的受災民眾從苦痛中重新迎向日常，而且，二十年來一直都在。

只是人生又有幾個二十年呢？把二十年的寶貴時間都奉獻給災後重建工作的人，如果沒有信念，如果沒有堅持，一定支撐不了這麼久的。而我們的社會，需要更多這樣的堅持，才能讓社會更好、更溫馨。

謹代表賑災基金會在此對本書作者謝志誠教授、陳鳳麗女士以及本書中十二個故事的主人翁致上最高的敬意！亦希望透過本書的出版，可以讓這些故事成為可以傳承的紀錄與經驗。

引言

信心、信任與堅持

文——謝志誠
財團法人豐年社董事長、
前財團法人九二一震災重建基金會執行長

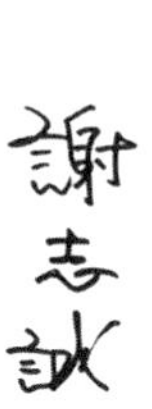

距離上個世紀末的九二一大地震，已經過了二十年。歷時一〇二秒的天搖地動，山河為之變色，多少家園為之破碎，多少黎民蒼生為此付出數年的光陰重建家園、心靈與人生。

二十年前的這一震，把國人的心糾繞在一起。社會各界踴躍捐輸金錢與物資，奮不顧身地投入救災賑災工作，展現高度的同胞愛；國際社會也相繼伸出援手，以人道精神提供援助，發揮人間的大愛。

延續救災與賑災之後的重建工作，雖已逐漸為社會所淡忘，但重建過程所展現的豐沛活力、關懷與熱情，實已內化成這個社會的共同記憶。

在引入正題前，我必須把時空拉回當年的場景，說說當年相當重要，影響後續災後重建的一個由民間團體結盟的組織——「全國民間災後重建協調監督聯盟（簡稱全盟）」。

全盟紀要[1]

一九九九年九二一大地震後，許許多多的民間團體（包含支持性、諮詢性、宗教與社會福利等性質），紛紛籌組工作團隊入駐災區，數量繁多。依據行政院九二一災後重建委員會非正式的統計，在全盛時期，全國三十三個受災鄉鎮市區，入駐的工作團隊可能超過一三〇個。他們的背景互異，思想觀念不一，使得整個災區呈現多元景象，但也出現一些亂象，包括：（1）團隊之間缺乏橫向聯繫，導致資源分配不均；（2）募款與捐款流向缺乏監督機制等。

當時為了便於提高資源分配效率並健全民間捐款的監督機制，在臺北市婦女救援基金會沈美真律師等人的發起奔走之下，於一九九九年十月一日在臺灣大學社會學系召開「全國民間災後重建協調監督聯盟（簡稱全盟）」第一次籌備會議。由瞿海源教授主持，共有二十六個民間團體出席，會中決定組織名稱為「全國民間災後重建協調監督聯盟」，簡稱「全盟」。所通過的宗旨與策略可概括為下列幾點：

（1）協調整合重建資源、
（2）協調民間力量及民間與政府間的協力合作、
（3）協調訂定和修訂法令和政策、
（4）監督民間捐款、
（5）監督政府重建工作、
（6）推動前瞻性的防災救難和社會價值重建工作。

會中除暫定全盟的存續時間為兩年外，也決議由婦援會提供辦公空間並支援籌

1　本引言有關全盟的回顧係引自謝國興編：《協力與培力——全國民間災後重建聯盟兩年工作紀要》（臺北市：全國民間災後重建聯盟，二〇〇一年）。

備期間的行政工作，並由中華社會福利聯合勸募協會支援開辦經費。十月七日下午二點召開第二次籌備會，由李遠哲院長主持，會中確認全盟的宗旨與策略、捐款監督原則、徵信稽核作業要點等事項。當日下午五點由李遠哲院長主持全盟成立記者會，宣布全盟正式成立，由李遠哲院長擔任召集人，瞿海源教授擔任執行長。

全盟是許多立案團體以完成「階段性任務」為目標而結盟的組織，結盟之初即暫定存續時間為兩年，其理由是基於「階段性工作」。大家認為，一旦階段性任務告一段落，結盟自然應該結束。

全盟設定的階段性任務有二：一為「震災捐款監督」，二為「協調資源」；分別由全盟下設的「捐款監督委員會」與「協調委員會」負責；前者由臺灣大學馮燕教授擔任召集人，後者則由執行長兼任召集人。

任務一：震災捐款監督

在「震災捐款監督」部分，全盟成立「捐款監督委員會」，擬定九二一民間募款帳戶監督原則。經募款單位同意後，由全盟協調會計師及律師共同查核募款單位資金來源、流向及其用途。歷經半年的徵信訪視，共動用會計師、律師、社工師等二七四人次，對四十六個志願接受徵信的九二一募款單位進行了六十八次訪視。二〇〇〇年四月二十九日全盟「捐款監督委員會」在總召集人李遠哲院長主持下，召開捐款監督總結報告記者會，結束第一階段的任務。再由中央研究院謝國興教授（全盟執行長）撰寫《九二一震災捐款監督報告書》，於當年七月二十五日出版。不久之後，內政部也委託正風聯合會計師事務所辦理民間團體賑災捐款查核，並於二〇〇二年二月、四月出版《九二一震災民間團體賑災捐款數額使用情形及流向帳目查核報告（一）（二）》。

任務二：協調資源

至於「協調資源」部分，因全盟在成立之時即標榜「不接受震災捐款」原則，故只能從「媒合資源」切入，後囿於現實困難，轉而向外「匡計重建專款」。

（一）媒合資源

「媒合資源」是基於全盟在成立之時所標榜的「不接受震災捐款」原則，由全盟協調委員會審查加盟與非加盟團體所提出來的災區服務計畫與經費需求，再推薦給其他基金會或募款單位。從一九九九年十一月到二〇〇〇年一月，共審查通過八十八案，而實際獲得支持補助者只有四十八案，總計媒合成功的經費為七千二百三十萬八千七百四十五元。以媒合方式來達成資源協調流通的作用，基本上不算成功。

因為媒合的現實困難，迫使全盟協調委員會不得不認真思考如何扭轉困局，可行之道就是由加盟團體向外「匡計」一筆經費，作為補助災區工作團隊的基金。

（二）匡計重建專款

匡計重建專款的想法在一九九九年十二月便已開始進行，第一個應允協助的是矽統科技公司的杜俊元董事長，杜董事長在李遠哲院長致函後即刻回應捐款二千萬元，杜董事長的即時回應為全盟匡計重建專款的構想打了一劑強心針。

在杜董事長應允協助之後，中興保全公司也主動捐贈三百萬元，讓全盟可以順利撥出第一批聯絡站的補助款。後來ＴＶＢＳ關懷臺灣文教基金會、屏東縣政府及港都電臺等單位也陸續同意加入，終於讓「匡計重建專款」的構想得以落實，成為全盟用來補助聯絡站的專款。其中最為關鍵的一筆是來自ＴＶＢＳ關懷臺灣文教基金從其所募得的震災捐款提撥一億元挹注全盟所提的「九二一災後重建計畫」。至二〇〇一年七月底止，匡計重建專款總計一億五千二百六十四萬餘元。

（三）設置聯絡站

全盟是否應該在災區設置聯絡站的討論很早就開始（沈美真律師可能是最早提出這個構想的人），包括是否由全盟直接在中部以分支機構或辦公室的型態成立聯絡站。十月二十八日，第二次協調委員會通過「聯絡站設置辦法」，確立聯絡站的工作為「蒐集災區工作團隊資訊、反映重建區民眾意見、提供工作團隊必要協助、協辦全盟業務」等，並放棄全盟自行設置聯絡站的主張，將設立方式改為「已設置工作站或聯絡站的社團，得聲請加盟為全盟聯絡站」，或「協助加盟團體前往重建區設置聯絡站」。

全盟協調資源投入重建，是要以民間的立場來協助政府推動重建工作。全盟認為，重建規劃應該從社區開始，由下而上討論，彙整意見與想法，形成最大的共識。也就是，地方與社區的聲音要能出得來，社區內部關心重建的人要能夠組織起來。「聯絡站設置辦法」在資源媒合階段是難以實現的，一直到「匡計重建專款」的構想逐漸落實，才得以在中興保全公司的捐款到位（二〇〇〇年一月）後，發出第一批聯絡站（石岡、埔里、福龜、東勢）補助款。

聯絡站的設置從二〇〇〇年一月開始實施，以主動規劃為原則，尋找在地工作團隊以合作的方式設立。第一批設立的聯絡站有：雙崎部落重建團隊、新故鄉重建工作站、石岡人家園再造工作站、東勢本街重建工作站、長老教會東勢重建關懷站。全盟先後在重建區設立的聯絡站共有四十個。

立基於「社會信任（social trust）」

投入災區的工作團隊，不管是外來者，或者在地的自發者，不見得都具備有爭取資源的本領。時序進入二〇〇〇年一月，也就是災變後四至五個月，外界的關注漸次減少，資源也漸次淡薄，受災者開始進入「災變後失望期」，而工作團隊也開始陷入兵疲馬困、彈盡援絕的困境。當時，正主動在災區尋找在地工作團隊以合作方式設立聯絡站的全盟，為了不讓工作團隊因資源匱乏而瓦解，更為了讓剛播下的種籽得以發芽、成長。全盟立基於「社會信任」，適時調整資源配置策略，以創造工作團隊組織經營的時間與空間。當時全盟對聯絡站的補助主要在於維持工作團隊基本運作的人事費，其次是行政事務費。全盟只要求簡單的支出明細表，至於會計核銷則交由工作團隊及其經費管理單位自行負責。企劃或計畫書的提出，也基於災區需求的急迫性，不要求要寫出精緻完善的書表，甚至只要填具全盟設計好的表格即可。這種立基於「社會信任」的作法，使災（重建）區工作團隊不用陷於繁瑣事務的泥沼，而能有更多的時間和彈性去經營社區，培蓄自主的草根力量，這是九二一災後重建至為可貴之處。

熄燈解散

全盟是由許多已立案的團體聯合組織而成，對於全盟的存續期間、是否申請立案……等的討論從未間斷，甚至有點舉棋不定。一直到二〇〇〇年八月三十一日第二十七次協調委員會接受「立案籌備小組」的三點建議：「全盟的主要任務是幫忙災區服務工作團隊組訓、轉介資源，全盟本身的資源有限，九二一震災重建基金會改組後，協調資源服務災區工作團隊的型態將有所改變，以後應由九二一震災重建基金會直接提供資源給工作團隊」、「全盟成立災區聯絡站的目的是培植在地團隊，由在地團隊針對地方需求，規劃方案，爭取資源，協助推動災後重建。目前災區部分工作團隊成員有意進行籌組災後重建聯合團體的工作，全盟樂觀其成，在必要時應給予適當協助，協調委員可以考慮以個人名義加入未來的團體」、「未來全盟應將協調服務災後重建的業務交棒給代表災區在地力量的立案聯合團體，屆時全盟的運作可以停止」之後，才確定「不再考慮立案」，並決定以扶植在地團隊為全盟的重心，全盟遂將所剩餘的重建專案經費，全數撥付補助聯絡站作為行政維持費用。

二〇〇一年三月二十四日，首發的災後重建聯合團體—「臺灣社區重建協會」召開第一屆第一次會員大會，盧思岳為理事長，謝國興（全盟執行長）為常務監事，冷尚書為執行長，劉漢卿為副執行長。

二〇〇一年九月二十九日，全盟在臺北縣深坑鄉麗園會館以感恩茶會和發表新書：《協力與培力——全國民間災後重建聯盟兩年工作紀要》的方式，為兩年的階段性任務劃下句點。

責任與經驗傳承—關於財團法人九二一震災重建基金會[2]

我於一九九九至二〇〇〇年擔任全盟副執行長，參與聯絡站的設置工作，所以

2 財團法人九二一震災重建基金會（以下簡稱九二一基金會）緣起於九二一震災，中央政府為統合

在接任九二一基金會執行長以後，也持續援用這種以相互信任為基礎的模式與主動規劃的精神，以「來自民間、支助民間、協助政府」、「議題導向、主動規劃」、「透明效率、落實重建」等精神徹底調整九二一基金會的運作模式，並作為後續會務運作、業務推動及捐款管理的原則，提出以協助受災者住宅重建為主軸的「築巢專案」，並發展出協助震損集合住宅更新重建的「臨門方案」。

「臨門方案」是九二一基金會為協助九二一震損集合住宅更新重建，於二〇〇一年四月起推動的一項計畫。「臨門方案」除有「協助社區住戶及更新會完整的協力與培力機制」外，就是「提供無息的週轉金給更新會及想要參與重建的住戶」。過程中，以約定的誠信為原則，沒有市場上慣用的擔保抵押與罰則約束，使用週轉金的住戶在完成重建，並取得產權後可以申請中央銀行提供的九二一優惠貸款，再將週轉金歸墊給九二一基金會。這樣的互信除了成就六十三棟集合住宅（五千一百七十四戶）完成更新重建外，提供的八十一億五千一百三十二萬四千四百三十七元周轉金，皆全數歸墊，沒有任何一位重建戶沒還錢。

臨門家族重生的故事《種一棵家族的樹》

二〇〇七年，九二一基金會拜託張蒼松先生把屬於「臨門方案」的經驗與「臨門家族」的記憶寫下來。由於起步太晚，加上張蒼松要求完美的處事態度，預計在九二一基金會解散前出版的《種一棵家族的樹》竟然沒能來得及在九二一基金會解散前付梓。到了二〇〇九年，也就是九二一地震十週年，我把初稿提供給臺灣大學出版中心主任項潔教授，請他評估由臺灣大學出版的可行性。項教授在看完初稿後給了肯定的答案，並促成了《種一棵家族的樹》得以在九二一地震十週年前夕出版[3]。

運用「九二一賑災專戶」捐款，以發揮最大效果，於蕭萬長內閣時期宣布由民間社會人士與相關單位共同組成九二一基金會，成立於一九九九年十月十三日，歷經九年運作，於二〇〇八年七月一日解散。

3 關於臨門家族重生的故事可以閱讀以下網頁「謝志誠的觀察與學習—臨門家族重生的故事：https://jcshieh.tw/?page_id=2405」，或「921&88數位典藏—臨門家族：http://www.taiwan921.lib.ntu.edu.tw/10.html」

九二一重建基金會啟動解散與清算

時序進入二〇〇八年，九二一基金會《捐助暨組織章程》二十三條規定的存立期間即將屆滿，七月一日啟動解散與清算程序，十月三十日簡單的卸牌熄燈儀式後，先將四十五億結餘款依章程規定移交予「財團法人賑災基金會」。並在清算後再將結餘款三千零五十一萬九千二百二十五．五元匯入「財團法人賑災基金會」。總計移交予「財團法人賑災基金會」的現金餘額[4]與不動產價值分別為四十五億三千零五十一萬九千二百二十五．五元）與四億二千二百二十一萬二千二百八十七元。

九二一基金會歷經九年運作，所累積與收錄的紙本資料全數交由臺灣大學圖書館數位典藏。電子資料及帳戶收支報告則持續在二個網站上揭露（「謝志誠的觀察與學習-921基金會：https://jcshieh.tw/?page_id=93」及「921&88數位典藏：http://www.taiwan921.lib.ntu.edu.tw/」），是九二一震災之後仍持續揭載捐款資料的組織。

展現信心，堅持至今的十二個故事

入駐災／重建區的工作團隊，或因重建工作告一段落，或因其他因素，陸續結束工作，離開重建區，回到原有的工作岡位或另謀出路。

接下來要分享的十二個故事，他／她（們）或來自外鄉，或旅居在外，或在地成長，在九二一災變後，因著迸裂土地的呼喚而投入重建行列，能在面對災變時展現「信心」，不畏環境變遷，「堅持」行動或理念至今，殊為可貴。跟這十二個故事一樣，二十年來返回崗位或轉換跑道，持續在重建區一本初心奮鬥不懈的團體或個人還有很多，受限於篇幅，我僅選擇其中的十二個故事：

4 九二一基金會運作九年尚有餘額，乃因重建計畫中有「臨門方案」、「333融資造屋方案」與「達陣方案」等三項方案係採取免擔保、無息融資方式，提供災戶重建過程所需週轉金，等到重建完成由重建戶憑取得的建物及土地申請銀行貸款，清償九二一基金會提供的週轉金，形成資金可回收再利用的機制。不要錯誤解讀成「沒做事，所以還剩下錢」。

這十二個故事所累積的經驗，不僅是臺灣的資產，過程中，他們面對災難與困境所展現的「信心」，立基於「社會信任」的互助精神，「堅持不懈」的毅力，則正是當前臺灣社會最需要的三要素：信心、信任與堅持。

致謝

感謝九二一震災後，持續關心追蹤災後重建議題的自由時報記者陳鳳麗小姐同意分擔十二篇故事中的三篇，讓這本書得以在九二一震災後二十周年前夕順利付印。

也要感謝財團法人賑災基金會董事長張景森政務委員，在獲悉我準備出版這本書時，即指示副執行長陳宗良全力協助。

他們在Gaga指引下協力前進

——林建治與黃盈豪

一位因震災返鄉協助重建的三叉坑泰雅族中生代林建治，和一位前往大安溪協助重建的漂流社工黃盈豪，加上幾位社區媽媽，在Gaga的指引下，於大溪畔達觀部落搭建起「部落共同廚房」。歷經二十年的堅持，協力建構出社區共同照顧體系。

來自雪山的大安溪

大安溪，泰雅語稱為L' liungpenux，有寬廣、平坦河流的意思。河長九五．七六公里，流域面積七五八．四七平方公里，分布於苗栗縣南部及臺中市北部，是全臺第七大河川。主流上游為雪山溪，發源於雪山山脈的大霸尖山西側，向西流經苗栗縣泰安鄉梅園村後，進入臺中市和平區（原臺中縣和平鄉）雪山坑，再從苗栗縣卓蘭流向平地到大甲區鐵砧山麓，最後於大安區安田莊注入臺灣海峽，為苗栗縣

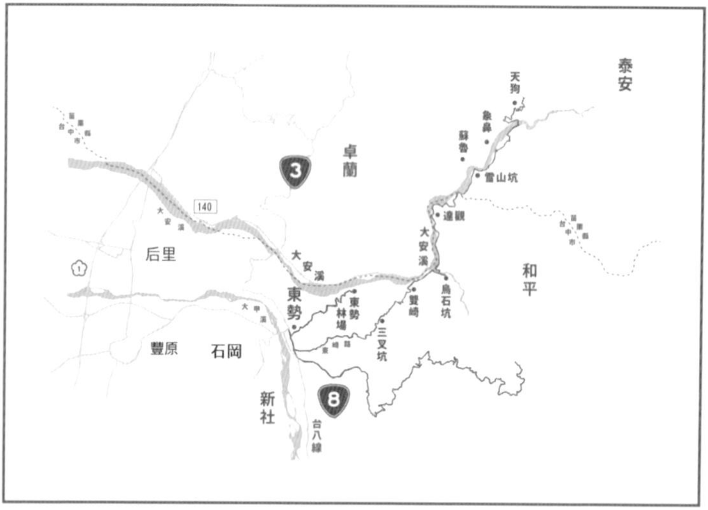

與臺中市的主要界河。大安溪在山區有一段長約二十公里的溪谷，兩側有十三個以泰雅族人為主的部落，包括位於苗栗縣泰安鄉梅園、象鼻與士林三村的八個部落：梅園、天狗、大安、永安、象鼻、士林、中間與蘇魯部落，以及位於臺中市和平區自由里與達觀里的五個部落：雪山坑、達觀、竹林、雙崎與三叉坑。

靜靜的三叉坑[1]

三叉坑部落（S'yux）位於東勢區以東約七公里，牛欄坑溪上游，觀音山南麓。由東勢區沿東崎街前進，車行約十五至二十分鐘，可於道路右側望見三叉坑部落。

林建治（Suyan）是臺中和平三叉坑人，泰雅族人。十六歲那年離開部落到南投念書，到一九九九年九二一地震那年，有超過一半的時間都在都市裡頭度過。跟很多離開部落的族人一樣，離開部落並不是他的選擇，而是命運使然—山上沒有什麼工作機會。建治的家裡靠著父母親一邊打零工一邊務農過活，兩個姊姊出嫁後忙於各自的家庭，兩個弟弟留在部落一直沒有穩定的工作，身為長子的建治，就在平地社會練就身兼多職的能耐。

一場大地震讓起點成為無法回歸的終點

一九九九年九月二十日，建治任職的公司要他到臺中出差。由於快要中秋節

1 本段文字摘自陳亮丰交付財團法人九二一震災重建基金會的手稿《靜靜的三叉坑》（未出版），並蒙陳亮丰同意引用。

了，家裡又有些事，他決定先回部落一趟。就像每次回到部落的行程一樣，先繞到二姐的麵店打聲招呼。

時近中秋，族人陸續從梨山打工回來。這天晚上整個部落熱鬧非凡，熱騰騰的像是在慶祝一般，大家在麵店裡唱歌聊天，喝到微醺。

入夜後，山上的溫度下降，建治和幾個堂兄妹在庭院升起火，享受著在部落裡的自在。家鄉的夜，充滿熟悉到不能再熟悉的各種聲響，誰回來了，誰的車剛熄火，誰家的狗在叫，哪一對夫妻吵架，哪一家的小孩在哭，從聲音就可以辨識出族人的細節。建治還記得母親睡前過來找他，小小聲叮嚀：「不要喝太多酒。」「好！」建治回答。

子夜時分，建治舒服地躺在房間裡，其實並沒有睡著。

但，沒過幾分鐘，就大地震了。今晚特別乖乖回房睡覺的小弟，被倒下的磚牆重重壓住。全家人，不，全部落的人都埋在瓦礫中。第二次地震晃動之後，建治的手挪動了出來，他掙脫之後，不顧自己滿頭是血，和大弟像瘋了一樣徒手掏挖磚瓦，一邊哭一邊挖。母親埋在瓦礫堆中，微弱地以母語喊著：「孩子，來一下。」

既然有聲音，也許母親還可以撐一會，但是爸爸為什麼沒有聲音？他們兩人瘋狂的掏挖著，爸爸被挖了出來，但母親被抬出來時已經斷了氣。

這次地震造成部落地基錯動，三叉坑有九成的房舍應聲倒塌，道路裂開，教堂整個垮掉。在黑暗中逃出來之後，族人扶老攜幼往空曠處躲避，在恐懼的長夜裡，無助地向耶和華大聲禱告。地鳴、山崩與禱告聲中，淌著血呆呆看著母親與弟弟的身體，環視周遭如末日般的情景，建治暈了過去。

永遠的一天走完，時間停止倒數。轟然一個巨大的裂洞，裂洞中刮起颶風，時空暫停了幾秒，呈現一種真空狀態，建治的生命被狠狠地劃了一刀，切成兩半，因為母親與弟弟的死，因為部落的滅，某種東西啟動了，生命像一艘龐大沈重的輪船，忽然間因為強大的外力，挪移了一段料想不到的距離。滴答、滴答……生命的時鐘重新記數，輪船調校方位，朝向完全不同的航向駛去。

第一次看到建治的時候，他才三十七歲，是九二一大地震後第二年，我接任九二一震災重建基金會執行長後，進到安置三叉坑族人的組合屋和部落族人商討部落遷建計畫。在部落已經蹲點二年，拍攝三叉坑紀錄片的全景傳播基金會團隊陳亮丰導演的引介下，和建治有了首次的接觸。跟許多原住民族人一樣，建治木訥寡言，沒能和他多談。但因為重建工作的關係，我們需要建立未來聯繫的窗口，陳亮丰強力推薦建治，我的直覺告訴我，這個人應該是可以相信的。後來的重建工作聯繫，證實確是如此。

最近一次看到他，他已髮蒼蒼，歲月無情催人老。

讓我來說說，因為「地震中失去了母親與弟弟，大慟而回歸部落」的建治這些年來在部落作了些什麼？

投入三叉坑部落遷建工作

三叉坑部落的基地面積只有〇．八五公頃，住有四十多戶人家。這場大地震造成部落基地滑動，部落台地兩側主要擋土牆均遭到破壞。由於建物老舊，部落幾乎全毀。震後，政府依據成大防災中心探勘結果，認為三叉坑已是一個危險部落，不適合居住，宣佈禁止原地重建，之後委託規劃單位（怡興工程顧問有限公司）規劃設計，推動「三叉坑部落重建計畫」。

重建計畫將原部落基地留作公共設施（作為教堂、活動中心、綠地、停車場等）使用，然後規劃在部落東側價購將近兩公頃的平坦土地，變更編定為建地，分割分配給四十五戶遷建。「三叉坑部落重建計畫」於二〇〇〇年四月經行政院原民會審議通過，報經行政院核定，總經費為八千四百四十五萬元。

跟九二一震災後其他原住民部落遷建計畫一樣，核定的經費主要用在公共設施的興建，而規劃的重點也是在此。至於遷住戶的家屋要怎麼興建，規劃單位只是提供不同形式與價位的標準住宅設計圖給遷住戶自行參考選擇，至於實質的蓋屋配套計畫與措施，包括重建資金哪裡來？並沒有特別的機制，通通丟給九二一震災家園重建專案處理—要遷住戶自行跟銀行接洽申請貸款。

雖是如此，也不能否認當時鄉公所與規劃單位確實是想透過重建的機會，把過去幾乎沒有什麼公共設施的三叉坑部落，重建成為一個新山村。擁有新的教會與活動中心、較安全的擋土牆與基地，整齊的道路，新的排水與簡易用水設施等等。但由於禁止原地重建，部落族人就先被集中安置到離舊部落幾公里外的組合屋，等待

九二一震災原住民聚落重建計畫
自由村三叉坑聚落住宅重建工程竣工典禮

重建。然而隨著時間的流逝，居民等待重建的心情開始陷入無限期的煎熬。尤其是當部落的公共建設陸續開始施作，而荒涼的空地上，家屋的重建卻遙遙無期，不滿的情緒開始浮現。

等待的過程，夾雜著原漢間土地的糾葛：土地如何分配？價購土地要花多少錢？家屋要怎麼蓋？錢從哪裡來？……等等一連串連地方鄉公所都很難回覆與解決的問題。直到二〇〇四年七月敏督利颱風沖垮部落族人安置的組合屋，我前去慰問，才發現問題已經嚴重到令人心驚的程度。眼見情況可能不妙，我開始積極介入，並在可能的範圍內作出承諾，終於讓家屋重建工程在二〇〇五年十一月開工。

過程中，建治扮演著非常重要的聯繫窗口，但在部落Mama、Yata[2]的眼裡，已經接近中年的建治仍然是個小孩。建治在話語傳遞上得非常小心，深怕一不小心得罪了部落長輩，讓他們不高興。許多屬於部落內部的紛擾，看了陳亮丰的紀錄片與雜記之後，才知道建治把很多苦水與淚水都吞了下來。

2 Mama、Yata 泰雅語，是叔父輩（叔叔、伯伯）、嬸母輩（嬸嬸、嫂嫂）之意。

由於建治的協助，讓我們很清楚了解部落的變動與問題所在，也因此省下許多舟車勞頓的時間，而且可以精準掌握問題，提出對策。包括設法補足家屋工程造價上漲的差額等等。二〇〇五年十一月，部落家屋遷建工程落成，部落族人終於找到回家的路。

有媒體記者問我，這樣會不會不公平？我只能反問，有沒有更好的方法呢？災害讓特定人承擔，本來就不公平。

由於我是推動三叉坑部落遷建的主要當事人之一，為避免書寫上的偏頗，重建的過程就請延伸閱讀當時現場的報導與觀察：

（1）三叉坑紀錄片陳亮丰的網路筆記[3]

（2）《九二一民報》李文吉的報導（二〇〇一年三月二十一日）[4]

（3）影評人林木材對於三叉坑紀錄片的影評[5]

（4）生命力新聞龔淬平的報導（二〇〇五年十一月三十日）[6]

加入大安溪工作站

返鄉的建治在協助部落遷建計畫之外，也和外來的社工們、部落的青年及媽媽們，共同組成大安溪部落工作站，從此開啟了他返鄉之後的第二段旅程。說到建治的第二段歷程，就得介紹的另外一位靈魂人物—黃盈豪，並提到幾位堅守部落共同廚房達十餘年的部落媽媽：素鳳、月嬌、小燕、阿美、阿代等婦女。

黃盈豪，南投人。二〇〇〇年，九二一大地震後的第一個春天，他以中華至善社會服務協會成員的身分（當時他自稱是「漂流社工」）進入臺中縣和平鄉。以「培力在地部落年輕人，從能力建構到成立在地組織」及「推動部落產業振興，產業盈餘支持部落共同照顧」作為目標，先與雙崎部落的彌互（Mihu）團隊合作成立「大

3 http://www.wretch.cc/blog/sky5&article_id=12703#trackbacks
4 http://921news.yam.org.tw/report/report08.htm
5 http://woodlindoc.blogspot.com/2005/08/blog-post_16.html
6 https://vita.tw/三叉坑・寫下泰雅部落重建史-a193f6a4095

安溪工作站」，透過社區營造，擴展到沿線的各部落並號召沿線部落的年輕人加入工作站，包括三叉坑的建治，達觀的素鳳、羅萍，雙崎的相義、文榮等。二〇〇五年，盈豪赴暨南大學進修，取得社會政策與社會工作學系博士學位，現在在東華大學民族事務與發展學系擔任助理教授。

在陳豐偉《關於三叉坑紀錄片》的文章就記載著建治的一段話：「黃盈豪真是原住民部落撿到的寶。很多人懷抱熱心投入災區重建，遇到一些困擾無法承受只好撤退。我以前都一直在看，這個漢人什麼時候會離開，沒想到盈豪一直做到現在！」[7]

從部落共同廚房開始……

二〇〇三年起，工作站運用勞委會「多元就業開發方案」逐步擴張規模，並開發出「成人教育軸線—部落教室」、「社區工作軸線—社區營造之努力」與「社區產業軸線—部落共同照顧」等方案。在擴張階段，雖然聘用的工作人員有百分之九〇

7 http://citw1995.blogspot.com/?m=1

以上是在地原住民，分組幹部也都是在地泰雅族人，然因涉及資源分配，給其他組織帶來威脅，導致工作站被稱為「外來團體」。於是工作站便把社區總體營造方案與部落教室分別交給當地社區發展協會與在埔里的民族學院總部執行與主導。[8]

為了要能更有效地推動社區工作與災後重建，工作站透過田野調查與意見徵詢後，發現泰雅族有著強調「共食共作」的Gaga精神：

> 「Gaga」（泰雅語）是祖先的遺訓，更是部落共同的規範準則。泰雅部落有「共食共作」的Gaga傳統，部落一起耕作、一起打獵、一起分享，親族之間一起共食共享，泰雅族語稱作U'tux Nian：部落的小孩，就算父母不在家，拿著一支湯匙也能從第一家吃到最後一家，你家的小孩就是部落共同的小孩、家裡的老人就是部落共同的老人。這是一個很基本、支持性也很強的傳統照顧體系。[9]

於是，工作站便決定從這個點切入。二〇〇三年起開始搭建「部落共同廚房」，二〇〇四年部落廚房落成，透過共同購買與集中炊事，不僅可以供應共食團體的餐飲，還可以分送給部落內需要照顧的獨居老人或是行動不便的族人。搭配共同廚房而經營的部落共同農場，產出的作物（短期蔬菜、放山土雞）不僅可提供部落廚房，還開放一部分的農場（市民農場）給社會大眾認養。此外，部落共同廚房也逐步開發部落特色餐飲（如小米醃豬肉、泰雅風味餐、咖啡等），經營深度生態旅遊等土地友善產業，發展創新的觀光產業，逐步建立並實踐「部落自力照顧」的機制與理念。

這個開放式的部落廚房不僅僅是部落共食團體的餐廳，也是部落產品的展售場所，更成為深度旅遊的遊客中心。

8 參見章思偉：《原住民社區組織在地化——以「原住民深耕德瑪汶協會」為例》，國立政治大學社會工作研究所碩士論文，二〇一一年。

9 參見黃盈豪：〈從自己自己到一起一起——從大安溪部落共同廚房談部落工作者的跨文化經驗與反思〉，發表於「臺灣原住民部落服務的內涵與省思」研討會（臺北市：中研院民族所，二〇一六年）。

成立在地組織

前一階段的工作沒有結束，只是延續到下一階段而已。若一定要在這裡頭找到一個分界點，那就是二〇〇六年「社團法人原住民深耕德瑪汶協會」的正式成立。協會成立後，建治是首屆的理事長，盈豪則擔任協會的執行秘書，但他們仍是平起平坐的夥伴關係，所進行的部落工作是延續的。所以，在「社團法人原住民深耕德瑪汶協會」網站「關於我們」的介紹就這樣說：

> 「德瑪汶」是泰雅語「深耕」的意思。在臺中和苗栗分界的大安溪畔，散落著十三個泰雅族部落，我們在此成立了部落廚房—深耕德瑪汶協會，用部落自己的力量開發泰雅特色產業—工藝品、特色餐點、深度旅遊，以所得回饋給部落，照顧當地的弱勢族群——老人、學童、婦女，一邊培養部落的青年、進行學童的課輔，還要向您介紹泰雅的文化！[10]

在工作夥伴的認知裡，深耕德瑪汶協會是從工作站階段就開始，包括部落共同廚房的建立，弱勢族群—老人、學童、婦女等的照顧，泰雅特色產業—工藝品、特色餐點、深度旅遊等的開發，以及共同照顧回饋機制的建立等等，都是一群部落青年和社工們的努力。

若一定要劃分哪些工作是屬於工作站階段，哪些工作是屬於協會成立後的階段，可以拿德瑪汶發展的重要軌跡（大事記）來說明：

- 二〇〇〇年，成立「臺中縣政府和平雙崎社會福利服務工作站」，隔年轉型「大安溪生活重建中心」。購入九人座廂型車DX-4891提供老人醫療與學生交通接送服務。
- 二〇〇二年，生活重建中心遷至達觀部落，成立泰雅編織組。
- 二〇〇三年，達觀部落廚房開始興建。結合臺中縣政府弱勢戶就業方案，

10 http://www.daanriver.org.tw/

十四名在地部落工作者加入老人送餐。獎助學金、繪本說故事開始。

- 二〇〇四年，達觀部落共同廚房落成。
- 二〇〇五年，部落廚房「L'olu 咖啡屋」開幕。
- 二〇〇六年，「社團法人原住民深耕德瑪汶協會」成立。協助部落農友直銷甜柿。
- 二〇〇七年，推出泰雅風味套餐、小米醃豬肉。建造泰雅文物屋。
- 二〇〇八年，獨立出至善社會福利協會。
- 二〇〇九年，廚房產業烘培組開始營業。
- 二〇一〇年，國小陪讀班開始。泰雅樹豆月餅開賣。
- 二〇一三年，部落菜市場開賣。部落、四季、青青菜菜活動開始。
- 二〇一四年，青少年獎助學金轉型夢想資助。
- 二〇一五年，醫療交通車 DX-4891 退休。
- 二〇一六年，Msli Atayal 大安溪青年小組組成。
- 二〇一七年，長輩交通接送重新啟動。新部落廚房動工。

部
落
大
房

● 二〇一八年，新部落廚房落成。獎助學金轉型青少年返鄉服務。完成居家服務長照機構設立，正式開始部落居家服務與文化照顧。

既然工作是延續，何必要成立「社團法人原住民深耕德瑪汶協會」呢？依據曾為工作站社工的章思偉在他的碩士論文中所作分析，其脈絡有三：第一，工作站與中華至善社會服務協會（以下簡稱「總會」）間的衝突，包括工作站與總會間決策權的矛盾、社區工作的自主權及募款方式的衝突。第二，是部落內部的衝突；第三，基於社區工作的理想。[11]

事過境遷，感情上我寧可認為一切都是基於社區工作的理想，但理智上，我相信衝突與落差是無法避免的，是值得後續進入部落的工作者引以為鑑的。

幾年之後來看整個過程，真的就是社區工作的理想（三部曲）：

（1）在地培力

（2）社區工作常態化

（3）成立在地組織

現在，打開「社團法人原住民深耕德瑪汶協會」的網頁，不只可以看到這個在地組織的組織架構與分工，也可以看到他們現階段的工作重點：「部落共同廚房」、「部落共同照顧」、「市民農園專區」與「部落特色產品的開發與銷售服務」等。而其目標就是：以共同廚房為核心建構共同照顧體系。

大安溪部落共同廚房方案：部落廚房回饋機制、部落共同照顧體系

因著Gaga精神而發展出的「部落共同廚房」，從泰雅部落「共同照顧」和「共食共作」的傳統文化出發，在不斷地修正、堅持和反省中，確定從「社區照顧」和「福利產業在地化」等理念出發，逐步建構出「大安溪部落共同廚房方案」—部落

11 同註8。

廚房回饋機制、部落共同照顧體系。在廚房成員的努力經營下：

一、開創甜柿直銷平臺，讓喜愛甜柿的朋友可以享受到最新鮮實惠的水果。

二、發展兩天一夜的泰雅深度旅遊，結合觀光採果、文化、接待家庭、生態導覽、泰雅風味餐、特色飲料、咖啡與泰雅晚會表演等……讓遊客可以親身感受泰雅人接待的熱情。藉由部落人文特色與部落景色吸引各界朋友到部落廚房一遊。

三、開發泰雅風味美食，包括小米醃豬肉、溪魚、泰雅糕、刺蔥豆腐、季節時蔬、大瓜玉米湯等。

四、推廣市民農園，發展部落農業，介紹市民農園理念，開放一部分的農場（市民農場）給一般大眾認養，每一單位農地每月五百元。

廚房和產業的盈餘回饋到部落共同照顧基金，讓以部落共同廚房為核心的部落共同照顧體系逐步建立起來。目前發展的共同照顧項目包括：學童照顧、青少年陪伴、老人及弱勢照顧及原住民就業服務等。

更難能可貴的是，二〇一八年深耕德瑪汶協會於協會下設立「臺中市私立德瑪汶居家式服務類長期照顧服務機構」，提供身體照顧、日常生活照顧、家事服務、餐飲及營養服務等項目，為臺中市政府衛生局公告的居家式長照機構。

包容和陪伴找回「大家一起慢慢來」的巨大力量

這個故事從九二一震災，一位泰雅族人建治返鄉協助重建，一位漢族熱血漂流社工盈豪前進災區蹲點開始，加上幾位一本初心堅守崗位的部落婦女，一起走過將近二十個年頭。看來，起點真的已是不可以回歸的終點。

將近二十個年頭，這群跨文化、跨族群的夥伴們一方面吸吮著部落的文化養分，另一方面嘗試著學習如何跟複雜的主流世界打交道。過程中，他們之間形成了「包容和陪伴」的新價值，擴展彼此的學習空間，建立互為主體、互相陪伴的互動關係。從幾位工作者的培力開始，進展為夥伴關係，慢慢找到「大家一起慢慢來」

的巨大力量。

從培力到陪伴的過程，他們透過不斷的摸索、探究，找到可以依循的精神與原則，慢慢理出了共識及條理。他們以「貼近部落」為依歸，慢慢明瞭這片土地蘊涵的生命力，並理解部落族人間的相處道理。因為「貼近部落」，專業才可以發揮作用，從而讓彼此吸收到養分。

只想讓學生們多幾箱共讀的好書，一封email產生閱讀的蝴蝶效應

——陳一誠

陳一誠當年發出的一封伊媚兒，只希望能為學生多買一些共讀的書，想不到卻發展成三百多座的「愛的書庫」！十多年來不斷有善的力量加入，所有贊助的公部門、私人企業或基金會，大家的信念都是一樣：希望提升下一代的閱讀力與競爭力，相信這股善與愛的力量會一直循環，也會一直持續下去。

在組合屋中，點然閱讀的光亮

陳一誠從一九九三年起便開始在南投縣立旭光高中的前身旭光國中教國文，一開始擔任代理老師，上課認真、教法創新。五年後他通過教師甄試成為旭光國中的正式老師。隔年發生九二一大地震，震垮學校的校舍，也震毀不少學生的家，重建期間只得居住在組合屋。眼看學生們的心情被這一場世紀災難震得動盪不安，學習力也跟著下降，熱心的他便與幾位老師在組合屋陪伴孩子做功課。陪伴的過程中，他發現山城的孩子沒有閱讀習慣，只會讀老師指定或交代的書，較少閱讀課外書籍，因此與幾位老師合作，計畫在班上帶動閱讀。他採取的是班級共讀方式，即選定一本書，購足四十五本裝成一箱，由他帶領學生在早自習時間閱讀，並設計學習單，檢驗成效。一開始只有幾個班級在推動，後來陸續有其他導師主動加入。這群熱血的教師於是組成「教學研究會」，共同討論、挑選共讀的書單，也分工合作設計學習單。

南投縣是九二一重災區，陳一誠和其他推動共讀的老師發現，家長雖很支持，班上總有幾個學生沒有能力購買指定閱讀的書目，這幾位老師不是勸說書商能附贈幾本免費的書，就是自掏腰包幫這幾個孩子買書。為了減輕家長的負擔，每次都要跟書商殺價，殺到書商大喊：「再砍就要賠本了！」

尋求活水資源挹注，讓共讀不中斷

這種一邊熱情地推動班級共讀，一邊要跟書商周旋殺價的日子過了一年，陳一誠發現學生的回饋變多。他們的心得分享，從簡單的「很好看！」、「好可憐！」等表淺感受，慢慢地愈來愈多人可以說出較深層的體會，並且能指出書中所傳達的意涵。陳一誠和「教學研究會」的成員看到學生的進步，對推動閱讀這件事就更加起勁了。

學生的閱讀速度變快，買書的頻率自然增加，這群老師們擔心買書變成家長的負擔，因此開始向外募款。陳一誠也寫了一封email，說明他們所做的事及所遇到的困難，希望能有活水注入，讓班級閱讀不要因家長無力買書而中斷。募款行動在經人介紹，拜會美律實業公司董事長廖祿立後有了好的開始。愛閱讀的廖董事長很慷慨地捐出二十萬元，有了這項捐助，推動共讀的國中小老師們覺得受到認同，做得更賣力。

這封電子信經過分享轉寄給當時擔任九二一震災重建基金會執行長謝志誠，謝執行長對陳一誠和多位老師所做的事很好奇，在二〇〇四年十二月主動聯絡臺灣教師學會會長張輝山，張輝山則約了陳一誠老師，三人一碰面就激起火花。陳一誠的真誠與踏實，深得謝執行長的信任，當天就敲定由九二一震災重建基金會贊助經費，由陳一誠繼續主導推動「班級共讀」。不過謝執行長認為，推動閱讀行動應該建立標準化的作業模式才能可長可久，在洽談工作進行一個多月後，商定由九二一震災重建基金會資助設立台灣閱讀推廣中心，開始試辦「共讀」計畫，並著手規劃「愛的書庫」，定調為「智慧分享，愛與循環」讓共讀的好書循環運用。三個月後，也就是二〇〇五年四月，第一座「愛的書庫」在南投縣草屯鎮虎山國小設立。

從災區的第一座「愛的書庫」開始，十五年三〇二座書庫廣佈台灣鄉鎮與離島

九二一震災重建基金會在二〇〇八年六月熄燈，三年裡挹注經費在震災重建區設立了七十座「愛的書庫」。而在結束運作前，謝志誠就與陳一誠商討「愛的書庫」

未來的路，謝志誠執行長除應允提供資源協助將「台灣閱讀推廣中心」轉型成立「財團法人台灣閱讀文化基金會」以延續「愛的書庫」外，並拜會美律實業股份有限公司廖祿立董事長，詢問他出面籌組基金會的意願；在廖祿立董事長慨然應允下，「財團法人臺灣閱讀文化基金會」於二〇〇六年十二月獲行政院文化建設委員會核准設立，並於法院完成立案程序。

基金會第一屆董事長由發起人美律實業股份有限公司廖祿立董事長擔任，董事會由企業界及學術界

共同組成，包括企業界：魏文傑、廖祿堙、曾穎堂、廖本林、許銘仁、卓聖崇、張廖泉、吳輝煌、蔡裕慶，以及學術界：劉仲成、黃崑巖、蕭介夫、黃榮村、程海東、彭作奎、李威熊等人。

九二一震災重建基金會打烊後，「臺灣閱讀文化基金會」無縫接軌，陳一誠也被基金會留下，出任基金會執行長。在他無私的帶領下，二〇一九年，九二一震災屆滿廿年的這一年五月底，第三〇二座「愛的書庫」設立。不只九二一震災重建區有「愛的書庫」，全臺各縣市及離島都有「愛的書庫」。陳一誠從擔任「臺灣閱讀文化基金會」執行長後，不支薪，也不支領任何名義的出席費或補貼經費，十一年來這個堅持不變，至今仍是「愛的書庫」的義務推手。他說，當年希望能有經費挹注，讓有心推動班級共讀的老師能順利地做下去，現在心願得遂，內心充滿感恩，如果能因自己貢獻一點心力，幫助到老師、幫助到學生，那就是最大的收穫。

推廣共讀之餘，也協助調整老師的教學方法及提供更豐富的書籍類型

陳一誠回顧十五年來「愛的書庫」的變化，他說，十五年不是只有數字的變化，書庫從一座增加到三〇二座，藏書量也增加到三十四萬冊。「臺灣閱讀文化基金會」也辦各種研習，研討調整老師的教學方法，老師在教學上慢慢地起了化學變化。書籍的種類也愈來愈多樣化，從早期的語文類，逐步加入科普、數理、人文藝術。形式上不只有紙本，後來也開始加入數位圖書，幾年前更加入了蘇裕年和王昭富老師的「霧裡ＦＵＮ魔法」的科學家故事和科學實驗課程。除此之外，關懷的觸角也更廣，從莫拉克風災、臺南地震、花蓮地震、二〇一八年南部水災，受災學校的圖書有損壞，「愛的書庫」都一一送書，並對受災區的師生舉辦心理講座，給予心理安慰與支持。二〇一九年五月二十七日於彰化縣南興國小揭牌啟用的第三〇二座愛的書庫是第一座全英文的書庫，五十箱英文共讀新書加入愛的書庫循環行列。

前峯國小
給坤山叔叔的話
謝謝
新竹物流
藍色超人
李坤山叔叔
流物竹新
車號：358-HD
總重：6.7公噸
限乘3人 4740

| 只想讓學生們多幾箱共讀的好書，一封 email 產生閱讀的蝴蝶效應

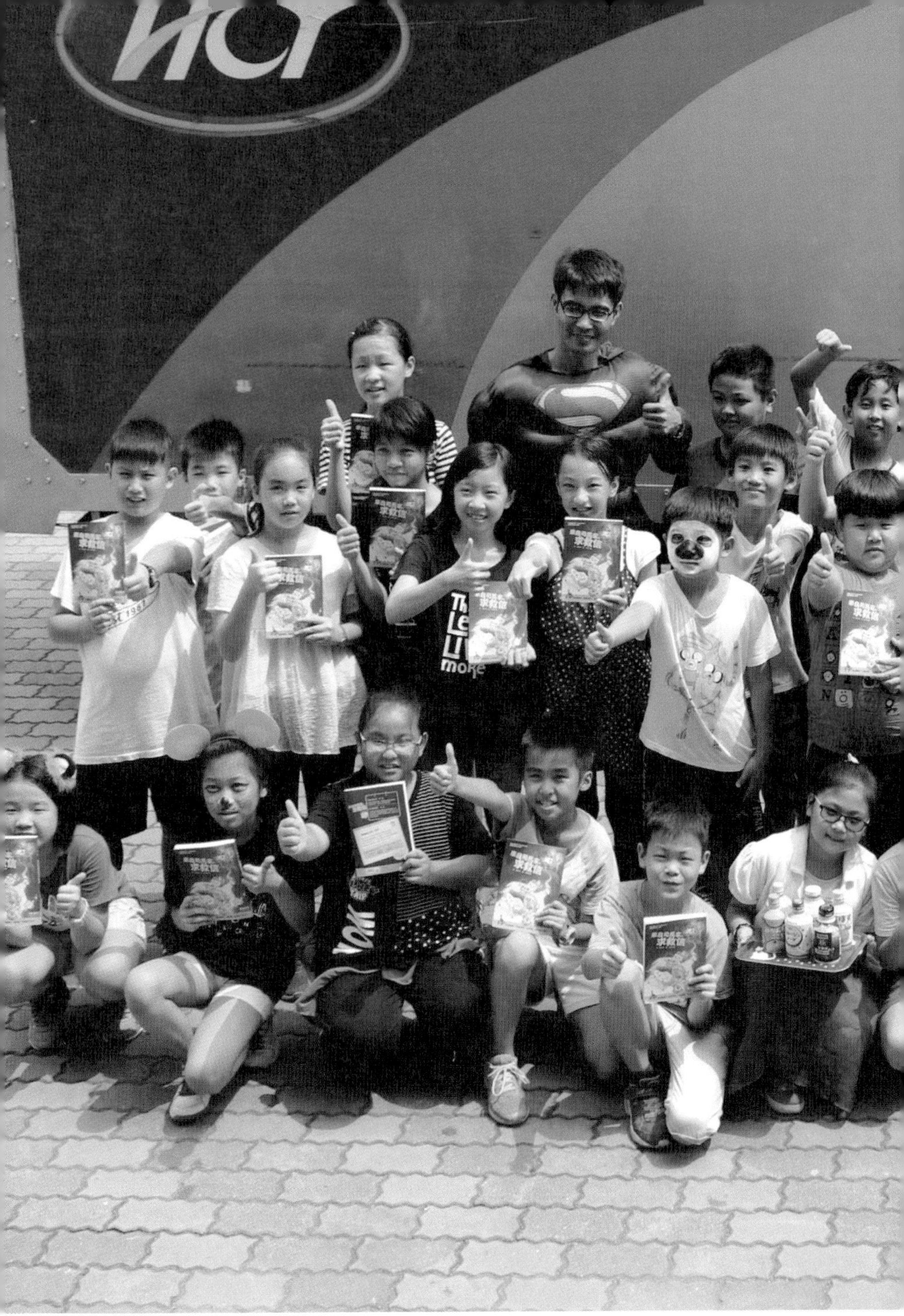

愛心接棒讓愛可以分享，智慧可以循環

「當年發出的一封電子郵件，原本只希望能為學生多買一些共讀的書，想不到卻發展成三百座的『愛的書庫』！」陳一誠說，十多年來不斷有善的力量加入，包括：元梅屋百格利股份有限公司、美律實業股份有限公司、百容電子股份有限公司、信錦企業股份有限公司、展華化學工業股份有限公司、財團法人玉山文教基金會、拓凱實業股份有限公司、博大科技股份有限公司、聖暉工程科技股份有限公司、誠信和投資股份有限公司、達航科技股份有限公司、臺灣蒙地拿股份有限公司、寶田股份有限公司（微熱山丘）、環鴻科技股份有限公司、新竹物流股份有限公司、達雅企業股份有限公司、環隆科技股份有限公司、車王電子股份有限公司、新聯成投資股份有限公司、財團法人武秀蘭教育基金會……等等。大家的信念都一樣，就是希望提升我們下一代的閱讀力與競爭力，相信這股善與愛的力量會一直循環，也會一直持續下去。

用空手道讓震災區孩子走出傷痛，在世界發光發熱

——黃泰吉與廖德蘭

沒有一九九九年這場大地震，黃泰吉他和同是空手道教練的太太廖德蘭不會在南投縣落地生根，更不會寫下一篇又一篇的感人故事。

「要不是九二一大地震，我和太太廖德蘭也不會到南投縣，人生故事應該也會完全不同！」

黃泰吉與南投縣空手道運動幾乎畫上等號，但如果一九九九年沒有發生九二一大地震，他和同是空手道教練的太太廖德蘭絕對不會在南投縣落地生根，更不會寫下一篇篇感人的故事。

「牽線的人就是現在亞運空手道金牌教練曾麗如！」黃泰吉提及這段揪心的往事已雲淡風輕，但隱約中能感受他對愛徒的心疼。他說大地震發生前，曾麗如曾經是他在臺中空手道館的學生。震後得知南投縣是重災區，災情慘重，他跟太太試圖要聯絡住在南投市的曾麗如，就是無法聯絡上。夫妻倆人決定親自到曾麗如的家了解狀況，趕到後兩人腿軟差點支持不住，因為曾家房子倒塌，曾麗如還被困在屋內未救出。在等待過程中，看到南投受災區到處都是斷垣殘壁，等到曾麗如被救出，太太抱著她大哭。回到臺中住處，電視不斷播放救災新聞，夫妻倆有默契地浮現「我們應該為南投做點什麼」的念頭。

來練空手道吧！讓災後心靈受苦又失依的孩子不再徬徨

「說也奇怪，才有這樣的念頭生起，沒多久，當時的國姓國中校長池麗娟就來找我們！」黃泰吉說。

國姓國中校長池麗娟提到國中有不少學生失去家人或房子，希望教練夫妻能在校內成立空手道隊，讓這群心靈痛苦又失依的學生可以藉著練空手道不再彷徨，不要因為苦難的打擊而步入歧途。兩人火速答應池麗娟校長的請託，離開臺中的舒適圈，前往國姓國中教空手道。當時學校什麼設施都沒有，池校長臨時找出一個空間，簡單地鋪上軟墊，空手道隊就在這樣簡陋的條件下成立了。

看到有些隊員因為家人在地震中罹難沒人照顧，也有隊員因房子倒塌而沒有住處，黃泰吉和太太廖德蘭心疼這群學生，兩人決定把家搬到草屯，騰出空間讓無家人可依，無房子可住的幾個學生有安身之所。這些學生住在教練家，吃住由教練負責，生病發燒、牙痛到半夜無法睡覺，都是由他們帶著看醫生，張羅辦健保卡。兩人不只擔任教練的重責，還擔負起照顧弱勢家庭選手的大任。

加入空手道隊的孩子愈來愈多，黃泰吉的家已不夠容納，夫妻倆在草屯租房子給選手當宿舍，並且獲得旭光高中的支持，成立旭光高中空手道專班，讓這些選手可以到該校上學並練空手道。有了安定的生活，空手道隊的孩子可以專心練習，全中運的獎牌數逐年增加。有了國內金銀銅牌的口碑支持，選手們自信心日增，開始進軍國際比賽。十多年過去，旭光高中空手道隊成了屢戰屢勝的金字招牌。

抵押房子，張羅吃住及訓練費用，只為了讓學生能安心練習

旭光高中空手道隊的選手吃住訓練等經費，絕大部分依賴黃泰吉夫婦籌措。天性樂觀的黃泰吉從不憂慮「養不起」，隊上選手最多曾達六十個，他四處募款籌錢，十多年來不曾讓選手吃不飽，更沒有人因為缺乏經費而無法出國比賽。常有人問黃泰吉：「你都如何度過難關？」他總笑說：「關關難過關關過！」多年來，經常在幾近斷炊之際，就有人伸出援手。

「當然也遇過青黃不接的時候啦！幸好有房子，把房子拿去貸款就解決問題了！」原來真的有籌不出選手出國旅費的時候！黃泰吉和廖德蘭這對樂觀夫妻，曾兩次把房子拿去抵押，各貸款一百萬元，支應選手的生活費及出國比賽的旅費。把一家三口的棲身之處拿去貸款，夫妻倆卻一點都不擔心，因為兩人都認為，夫妻當教練有固定薪水，分期還貸款不會有問題。「房子被拍賣，一家人無處可去的情況絕對不發生！」黃泰吉的超強心臟，超樂觀的態度，讓他從九二一地震後帶領的空手道隊，成為國內常勝隊伍。

有感於教練夫妻的真心對待，選手們都知道報答教練最好的方法就是比賽拿到好成績。從全中運將空手道納入正式比賽項目後，旭光高中空手道幾乎是南投縣代表隊的獎牌製造機。以二〇一八年全中運為例，高中部和國中部共拿下七金五銀十三銅，該項目大多數的獎牌都被旭光空手道隊拿下。

二十年的陪伴，讓原住民孩子用空手道打出自己的舞台

黃泰吉、廖德蘭夫婦的無私奉獻精神，及兩人培育出來的選手所創造出來的亮眼成績，近幾年成為有心想翻轉命運的原住民部孩子的第一選擇。第一代的五個原住民孩子來自仁愛鄉中正村的卡度部落，辜翠萍和高湘琳等五個布農族少女也下山加入旭光高中空手道行列，辜翠萍和高湘琳很爭氣，多次在國內外比賽拿下金牌，而當時才十八歲的辜翠萍，更在韓國仁川亞運，為臺灣拿下第十面金牌，成為體壇的傳奇。

辜翠萍亞運奪金，四年後黃泰吉的另一高徒谷筱霜，在二〇一八雅加達亞運又

ST E

NAVIGATION
Original Outfitter

拚到一面金牌。她打敗獲得世界大學空手道錦標賽冠軍的日本選手，確定進入金牌戰後，興奮地跳到教練身上，而這位一路陪著谷筱霜打到金牌戰的國家教練，正是九二一地震發生後被壓在瓦礫堆中，後來被幸運救出的曾麗如。亞運金牌教練、金牌選手都是黃泰吉的學生，當年這對夫妻想為震災區的孩子做一點事的心，廿年後讓荒地開出美麗的花朵。

黃泰吉和廖德蘭不只改變震災區孩子的命運，也讓南投縣原住民孩子多了一個發光發亮的舞臺。辜翠萍、高湘琳等五個來自仁愛鄉卡度部落的布農族住民孩子，是下山投靠黃泰吉夫婦的第一代原住民學生，她們靠空手道項目逆轉貧困的命運，從此每年都有原住民的孩子想加入：仁愛鄉、信義鄉、水里鄉甚至遠從臺南而來（例如辜翠萍的外甥韓粲賢），每年少則個位數，多則近十個。他們體能好又能吃苦耐勞，而且有強烈企圖心，每年都在創造新的紀錄。

辜翠萍、谷筱霜的亞運金牌之外，石政中在二〇一六年國際大賽之一的克羅埃西亞空手道公開賽拿下金牌。高湘琳也曾在亞太系東流空手道錦標賽勇奪三金，韓粲賢和石愛琪則在澳門舉行的東亞盃青少年空手道錦標賽奪下金牌，而同樣是布農族孩子的石愛琪則獲得銀牌。

不只是教練，還要管孩子的品德與大小事

黃泰吉帶的空手道隊，包括原住民在內的所有選手都不准喝酒，「品德」也是能否留在隊上的考核標準。而他們也很爭氣，接連在國內外的空手道大賽奪牌，還順利就讀國立大學。選手們參加國內外大賽奪牌，只要獲得政府的獎金，黃泰吉都幫他們開帳戶，將獎金存入。他要選手們養成儲蓄習慣，將來出國比賽時可自行支付旅費。黃泰吉常對選手耳提面命：「不可以一直手心向上，有能力時就要靠自己，甚至回饋社會幫助別人！」

從不碰選手獎金的黃泰吉和廖德蘭卻曾被選手的親人中傷，說他們私吞選手獎金。也有累積豐厚獎金的選手親人執意要把獎金全數拿走，但都被黃泰吉夫婦「智取」，讓選手得以不受干擾繼續苦練。黃泰吉說：「壞人我來當！」只要能讓選手安心地訓練，他不介意這些。

感覺已是道地草屯人的黃泰吉夫婦從九二一地震後到南投縣到今年正好廿年，他們培育的選手，已有多人成為專業教練。亞運金牌教練曾麗如之外，同樣來自國姓鄉貧困且受災家庭的鄧世瑀和曾慧仙，兩人不只是旭光高中空手道隊的專業教練，同時也因空手道相知相惜進而相戀，成為黃泰吉夫婦到南投後第一對因空手道結緣而結婚的學生。兩人婚後育有二子，讓黃泰吉和廖德蘭提早升格成為阿公阿嬤，享受「含飴弄孫」的快樂。

常有人說：「旭光高中空手道隊是總統教育獎得主的搖籃！」因為到今年為止，近十八年來，旭光高中空手道隊選產生十位總統教育獎得主，去年更打破紀錄，一隊雙獲獎：石愛琪和石政中各獲國中組和高中組的總統教育獎。黃泰吉說，其實九二一地震後到今年，自己的空手道學生已有十三人獲得總統教育獎，像鄧世瑀、丁湘穎、林麗芬都有獲獎，只是當時他們高中就讀的是其他高中職。

中華民國108年全國中等學校運動會
2019 NATIONAL MIDDLE SCHOOL ATHLETIC GAMES IN KAOHSIUNG
青春躍動・精彩高雄

106全中運
競艷彰化
4/22-4/27
隊職員證

接棒支持，讓偏鄉孩子用空手道走出不同的人生道路

黃泰吉一直認為，旭光高中空手道隊有今天的成績，是因為有很多的貴人相助。最初因為九二一震災重建基金會執行長謝志誠全力支持，給予實質和精神上的幫助，讓還未茁壯的空手道隊得以存續下去。後來則有許多企業或個人加入，像臺新金控自二〇〇五年開始便長期贊助該隊，是選手得以穩定練習的重要推手。

此外，被選手們叫「許議員阿嬤」的南投縣議員許阿甘，因為被黃泰吉夫婦的精神感動，擔任南投縣空手道委員會主委十八年，出錢出力，陪著黃泰吉不斷地到教育部爭取空手道納入全中運正式比賽項目，還爭取興建空手道館，甚至去年又為空手道館內的訓練設施再度北上爭取經費。去年許阿甘卸下民代一職，交棒給女兒陳宜君，接下支持空手道隊的重任，將以「議員阿姨」的身份繼續照顧這群孩子。

黃泰吉說，今年九二一大地震屆滿廿年，這個世紀災難帶給南投縣甚至中部地區很大的傷痛，但也因為這場災難給了自己和太太不同想法，走進南投縣帶領偏鄉的孩子練空手道，讓偏鄉的孩子以空手道走出南投，看到世界。未來的路還很長，

需要更多人支持，才能讓更多認真苦練的孩子，有機會為國爭光，為自己走出不同的道路。

埔里鎮唯一的村長

——陳芳姿

因為受人之託而與一群沒有血緣關係的長者結緣，再因為老公的一句話而改變了她的人生，陳芳姿成了長者眼中最佳「村長」人選，開始了她和一群沒有血緣關係的長者一起養老、共老、伴老的歲月。其所創建的老人互助社區模式及「老有所用」的新價值，不但有地方產業的意義，也有照顧老人的意義，能以最小的投入，達到最大的效益。

緣起受人之託

埔里鎮位於臺灣的地理中心，隸屬南投縣，四面群山起伏環繞，中央平坦，呈星狀輻射於山谷間。全鎮面積一六二・二二七平方公里，是臺灣知名度相當高的鄉鎮。鎮上人口數大約八萬多，行政轄區共分成三十三里，有三十三位里長。但在其中的籃城里卻出現一座有七十五間組合屋的老人社區—菩提長青村，裡頭有全鎮唯一，不支薪，也沒有人想和她競選的村長—陳芳姿。

九二一大地震前，陳芳姿是埔里鎮上知名野菜餐廳「七巧屋」的老闆娘。地震前幾年是陳芳姿人生中最美好的時光，賺錢，還債，夫妻情濃，結交了很多旅遊界的好友，人生充滿了夢想。九二一震災讓陳芳姿的店倒塌，住家雖然都沒有全倒，但內部完全崩亂，無法居住。

當時投入救災的財團法人佛香書苑文教基金會在救災過程中，發現許多老人住在簡陋的帳篷內，生活相當不便。基金會執行長釋體通法師就向埔里「菩提園」佛教大樓商借空餘的房間安置這些老人，並委託陳芳姿夫婦管理。原先規劃一年後結束安置，經了解後發現，很多老人根本回不去原來的家。加上收容人數逐漸增加，陳芳姿只好跑去找當時的埔里鎮長張鴻銘想辦法。張鎮長正好在積極籌蓋組合屋，在取得臺糖公司同意提供土地後，於YWCA（基督教女青年會，Young Women's Christian Association的簡稱）及華僑銀行的捐助下，埔里鎮公所在籃城里搭建七十五間的組合屋社區，於二〇〇〇年三月正式啟用，並決定把原先安置在「菩提園」的老人家移過來，將新建的組合屋社區命名為「菩提長青村」。

安置老人家後，原本想要再起爐灶，重建「七巧屋」餐廳的陳芳姿，因為組合屋社區大大小小的行政事務需要有人打點，再加上老公的一句話：「開餐廳可以等，老人家不能等。」讓她答應接下「村長」的義務職！[1]從此改變了她的人生，陳芳姿成了長輩眼中最佳「村長」人選，開始了她和一群沒有血緣關係的老人家一起養老、共老、伴老的歲月。[2]

躲過拆遷組合屋風暴的菩提長青村

二〇〇二年一月十日，行政院九二一重建會依據修訂後的《九二一震災臨時住

1 參見阮愛惠：〈菩提長青村村長陳芳姿〉，《人間福報》，二〇一五年八月九日。http://www.merit-times.com.tw/NewsPage.aspx?unid=410344

2 參見王慧琪：〈共老的大家庭——走訪菩提長青村〉，女宣雜誌，第四三〇期，二〇一七年七月一日，頁5-16。http://women.pct.org.tw/magazine.aspx

長青

宅管理要點》函請重建區各縣（市）政府應對組合屋進行每二個月一次的全面清查，要求「不符合續住資格者」限期遷離，然後整併，最後再將騰空的組合屋予以拆除恢復原狀。此政令一出，組合屋住戶嘩然，輿論也批評政府是為了重建績效，要刻意「消滅」組合屋。為了釐清疑慮，九二一重建會再於二〇〇二年四月十一日發表「組合屋處理政策說帖」，強調清查的目的係針對「不符合資格者」，要求其限期遷離，再拆除騰空後的組合屋，絕非要求「符合資格者」提前遷離。立法院也於二〇〇二年十一月十三日審查二〇〇三年度中央政府總預算案附屬單位預算時作出決議，凡是在二〇〇二年十月二十九日前經分配進住組合屋者均為「符合資格者」。

菩提長青村也因此而暫時免於被拆遷的命運，至二〇〇六年二月四日《九二一震災重建暫行條例》屆期，組合屋的管理、整併與拆除回歸常態，由縣（市）政府主責。位於南投縣埔里鎮的「菩提長青村」因暨南大學向南投縣政府提出「老人照顧綜合園區實驗計畫」而被保留下來，並於二〇〇六年五月二十六日解除列管，由暨南大學以「現況承租」方式向臺糖公司（土地所有權人）租用。

村長陳芳姿和她的夫婿王子華，就此入住長青村與長輩們朝夕相處，與菩提長青村結下不解之緣。

「老，無老—老有所用」的創新模式

陳芳姿村長與王子華沒有社工的專業背景，也沒有老人照顧的歷練，但在他倆獨創的「老有所用、自立互助」核心價值下，透過培力，讓社區老人得以運用過去所熟悉或新習得的技能，投入社區內產業的開發，並將老人所投入產業開發所得的產值，繼續投入長青村的運作，達到自給自足的老人經濟循環模式。在老有所用的核心概念下，長青村透過社區老人的終身學習及休閒創意產業，達到自力更生的創新模式。

目前，長青村的社區產業除了自足農場、感恩咖啡、老人陶玩、花卉園藝、感恩團隊、老人製作的精美手工飾品等等之外，正積極響應健康食材的開發。所研發出的手作豆腐坊與麵包坊，已成為埔里地區民眾選購豆製品與手作麵包的好所在，長青村更期望能藉此提升老人福利社區產業化的效能。

陳芳姿村長很清楚，當政府財政吃緊與大環境不景氣時，官方的補助與各界的愛心物資與捐款會逐漸減少，長青村的處境將會更加艱難，必須要自力更生。因此，陳芳姿為了節省村內開銷，鼓勵長者自力並走出戶外多活動筋骨、多曬太陽，開闢有機菜園種植各項季節蔬菜。為讓這裡的長者不用等待外面的援助與憐憫，就可以展現自己存在的價值，啟動自給自足的經營模式，推出感恩咖啡及現榨有機蕃茄汁、庭園自助式感恩餐、草屯夜市擺攤義賣等等。由協會的工作人員協助，長者幫忙端咖啡、蕃茄汁、收杯子並親自招呼前來村內的來賓。

幾年下來，長青村創新的老人互助社區模式已成為碩、博士班研究生探討的對象。協助推動長青村實驗計畫的暨大公行系教授江大樹表示，長青村絕非是以一般老人安養機構來思考，而是一個富麗農村應有的老人安養模式，面對未來農村地區高齡人口激增的趨勢下，長青村模式是一個可以解決農村高齡照顧問題的模式之一。[3]

3 參見佟振國：〈借地安身　長青村掙扎求生〉，「九二一大震十週年」系列報導，《自由時報》，二〇〇九年九月二十日。https://www.coolloud.org.tw/node/46636

感恩咖啡
菩提長青村
訂購專線：(049)2422538

暨南大學的官網這樣介紹長青村：

長青村為老人所提供的服務可說是多元且廣泛，與其說長青村為老人提供服務，更正確的說法是村內的老人透過互助，為彼此提供所需之服務。村內為老人所提供的服務有餐食服務、關懷問安、退休生活再規劃、多元產業開發、托老服務、居家服務、醫療保健服務等多元且廣的服務內容。也因為長青村開創了多元且廣泛的服務項目，讓社會資源與民間捐款逐漸減少的長青村，能夠藉由這樣的服務內容，將長青村逐漸帶往產業化的方向發展，在這樣的發展趨勢下，長青村逐漸走向自給自足的經營模式發展，不再強調「老有所養」，而是朝向一個「老有所用」、「自養其身」、「老人自力自享商機」、「創造服務就業（四位老人創造一人就業）」的方向邁進。[4]

這就是長青村所強調的「老有所用」、「自養其身」、「老人自力自享」。是一種「老，無老─老有所用」的創新模式。目前長青村正積極結合地方觀光相關產業，提供老人製作的懷念古早味餐點，並將利益回饋，以有效提升老人福利社區產業化的效能。

二〇一五年五月七日，民進黨主席暨總統參選人蔡英文於參訪長青村後表示，長照體系的推動希望做到社區式的照顧，由社區的人自己來照顧自己的老人家，而且老人家還可以自己照顧其他老人家。她認為老人家或社區也可以籌措部分的財源來支持，這不但有地方產業的意義，也有照顧老人的意義，能以最小的政府投入，達到最大的效益。[5]

長青村所創建的老人互助社區模式及「老有所用」新價值，將可作為在地老化

---

4 https://www.doc.ncnu.edu.tw/ncnu/index.php?option=com_content&view=article&id=364&Itemid=488

5 參見朱蒲青：〈參訪埔里菩提長青村　蔡英文：建立有尊嚴的長照體系〉，《民報》，二〇一五年五月八日。http://www.peoplenews.tw/news/64884d77-01cf-402f-a730-0ce0b36fb219

的創新治理模式。

長青村創新治理模式的擴散

長青村在近二十年的運作經驗中，匯集出「活化老人活動力的老有所用照顧方式」，也孕育出「降低照顧成本的夠用就好產業運作模式」等兩項運作理念。暨南大學自二〇一三年起積極落實大學社會責任（USR），推動諸項在地實踐的計畫，其中二〇一七年的「南投縣烏溪線食物銀行」與二〇一八年的「教育部大學社會責任實踐計畫—長期照顧議題」，便是以長青村的兩項運作理念為核心價值，擴展為大區域的行動計畫方案。

暨南大學立基於過去與長青村的實驗研究成果，以「南投縣烏溪線食物銀行」計畫案，擴散長青村「夠用就好」的運作理念，協助政府照顧南投縣烏溪線地區的弱勢家庭；以「教育部大學社會責任實踐計畫—長期照顧議題」計畫案，連結在地長照專業服務組織與社區組織，共同在水沙連區域內推動「老有所用」的長輩互相

◀ 二十年的點點滴滴就藏在一本一本的照片冊子裡。

典藏系列
PHOTO ALBUM
PHOTO ALBUM
NICE DAYS

照顧理念，並設計出「厚熊笑狗」（即「互相照顧」的臺語發音）的長照教育推廣品牌，持續地改變水沙連區域的高齡照顧概念。

埔里鎮唯一的「村」、埔里鎮唯一的「村長」，曾經是政府眼中最頭痛的個案，因為村長陳芳姿與王子華的堅持與付出，如今轉變成為「補足政府政策不足」的角色，或許這是九二一地震發生當時所預想不到的。

從鏟子到鍋子，長照二十年

——廖振益

九二一地動的那個夜晚，只穿著一條內褲的中寮鄉龍安村村長廖振益，從深夜忙到天亮，拿著鏟子救人，被村民封為「內褲村長」。災後為照顧村民的腹肚發起「共同開伙」，成立工作站，開辦社區學園，組織福利協會，以「龍眼林飯廳」的名義幫老人送餐，風雨無阻二十年。服務範圍從龍安村，到北中寮七個村，再到整個中寮鄉十八個村落。一方面啟動社區型服務的腳步：老人日間照顧、弱勢兒童課後照顧、老人關懷據點、關懷訪視服務、電話問安諮詢及轉介服務、餐飲服務、健康促進活動等；另一方面則推廣在地觀光休閒旅遊產業和協助輔導推廣行銷在地農特產品，以增加社區收益，改善生活品質，朝社會企業的方向發展，以達成協會永續經營的目標。二〇〇六年起跨出龍眼林，成立龍眼林基金會，準備深耕臺中，要一步一腳印地踏遍社區每個角落，秉持著社區人做社區事的態度，做政策不足的、別人不做的事，要堅持把小事做好，陪伴弱勢者在黑夜中找到光亮。

內褲村長的封號

廖振益，世居中寮鄉龍眼林，九二一大地震前是中寮鄉龍安村村長。九二一大地震的那個夜晚，他剛就寢就被天搖地動撼醒，立刻衝出門，到處聽到喊叫救命的聲音。不少人跑到屋外，呆若木雞，他趕緊搖醒呆立的年輕人，趕快分頭去救人。廖振益世居龍安，村子裡哪一家是老式三合院土塝厝，他一清二楚。大家或用手挖，或拿著簡單的器械，或幾個人合力扛起倒下的樑柱，把人挖出來。那一夜，全村有八成的房子全倒或半倒。因為村長的指揮迅速，村民的通力合作，整個村子被壓死的有五人。忙到天亮，廖振益才發現自己只穿著內褲，於是村民就給廖振益村長取了個「內褲村長」的封號。

從開辦社區學園開始

災後，東海大學羅時瑋教授帶領東海建築系工作團隊進入北中寮，把在南中寮利用組合屋公共空間設立「重建大學」的構想帶到中寮鄉護林協會出借的空間。這個構想在果然文化工作室馮小非等人的籌劃與全盟的經費補助下，「龍眼林社區學園」終於在二〇〇〇年五月七日開學。

社區學園第一期共招收一四九位學員，開設成人與學童電腦班、民俗文化班、藥用植物班、照相班、自力營建班；三個月後，有七十位學員參加畢業典禮。九月份續開第二期，學員增加到一四四人，十二月三十一日有九十三人結業。結業典禮在爽文村空地舉行，同時舉辦烤大豬和跨年晚會活動。二〇〇一年二月十八日開辦第三期，學員暴增到二二三人，除電腦初級班外，另開設文書處理班與多媒體製作進階班，另增開設廣播班、英文班、注音班、作文班與民宿經營班。二〇〇一年九月十八日開辦第四期，增加開設陶藝班及植物染班。

社區學園持續開課，除為居民引入實用的學習資源外，也培育了在地的人才。二〇〇二年龍眼林福利協會接辦由中寮的社區報《鄉親報》所延續的《鄉親照相簿》，攝影者便是在地的「中寮鄉黑網仔攝影社」以及龍眼林社區學園照相班的學員。他們以在地人的視角紀錄下重建逐漸告一段落後，聚落庄頭的生活樣貌，讓鄉

龍眼林社區學園開學典禮

親持續看見中寮。儘管《鄉親照相簿》持續發行的時間不長，但所留下的生活、產業及校園重建等階段性照片，均是彌足珍貴的紀錄。

成立福利協會起動社區照顧

繼社區學園之後，廖振益有感於過去位居經商交通中途驛站而繁榮一時的中寮鄉已逐漸沒落，加上鄉內就業機會少，青壯人口紛紛到外地謀職而使得人口更顯凋零，社區逐漸老化。廖振益認為，九二一大地震的摧殘，雖然帶來慘痛，卻也喚醒社區居民生活共同體的意識，搖動心底大愛的共識與渴望。為了凝聚這一份責

任、奉獻心力重建家園，於是在二〇〇一年七月向南投縣政府申請成立「龍眼林福利協會」。廖振益擔任「龍眼林福利協會」首任理事長，啟動社區型服務的腳步，包括：老人日間照顧、公共食堂、老人送餐服務、弱勢兒童課後照顧、老人關懷據點、關懷訪視服務、電話問安諮詢及轉介服務、餐飲服務、健康促進活動等等。

這裡頭最為人津津樂道的是，堅持二十年的「老人送餐服務」。

「老人送餐服務」緣起於九二一災後由廖振益村長所發起的「共同開伙」，最多的時候整個龍安村共有八個「共同開伙」的用餐地點。外界的救援物資集中在共同開伙的用餐處，每天時間一到，村裡的婆婆媽媽們便集中到開伙點幫忙，居民也就近和鄰居們一起用餐。由於中寮鄉的人口結構以老人與小孩為主，年輕人多半外出工作，獨居長老人的比例相當高。也因為居住在偏遠山間，生活機能不比都市，加上獨居老人的身心機能退化，外出及開伙皆有困難。為了讓這群曾為地方打拼起家的「寶」能夠在地樂享晚年生活，免於自行烹煮的安全威脅，從九二一地震當日的共同開伙，慢慢發散出枝椏，轉型成地方長者口中的「龍眼林飯廳」。

「龍眼林飯廳」服務至今已近二十年，送餐服務也從龍安村，到北中寮七個村，再到現在整個中寮鄉十八個村落都是送餐範圍，至今未曾間斷。每日除提供長者午、晚餐的餐食之外，也由當地送餐志工，每日提供至少二次的關懷訪視。

雖然餐飲服務有政府的補助資源，卻仍因受限於公部門嚴格的審查及規範限制，無法完全申請經費補助，而必須仰賴協會及外界善心人士的捐款來支撐。

發揚在地產業文化

「龍眼林福利協會」成立的宗旨，除了社會照顧關懷服務工作外，還包括「推廣在地觀光休閒旅遊產業」及「協助輔導推廣行銷在地農特產品」，以增加社區收益，改善生活品質，朝社會企業方向經營，以達協會永續經營的目標。[1]

廖振益很清楚，協會的運作不能僅止於倚賴政府的經費補助與社會的愛心捐

1 見龍眼林福利協會網頁文字說明。http://www.lil20005.org.tw/

款，必須要自己想辦法找到較為固定的收入來源。福利協會首先著眼的，就是當地特有的龍眼產業。古早時代婦女生產後坐月子，都說「好額人吃雞酒，散赤人吃龍眼酒」，可見龍眼乾是很滋補、很具開發價值的農特產品。」[2]

不過，當時龍眼乾在市場上的價格並不好，農民們因為擔心製作之後銷售無門，白忙一場，都不太樂意投入烘焙工作。協會採取簽約認購的方式，一次向農民訂購本年度預計焙製的龍眼乾數量，大家沒有後顧之憂，立即著手烘焙，交由協會代為銷售。

在供貨來源確定之後，協會便積極找尋讓在地產業曝光的機會。九二一地震的隔年夏天開始，就先以社區名義舉辦龍眼季的行銷活動。二〇〇一年起，進一步發展成為中寮鄉的產業文化活動─中寮龍眼文化季。

此後十餘年的活動累積下來，不僅成功替中寮的龍眼與炭焙桂圓建立在地品牌形象，其他諸如梅子、洛神、荔枝……等等當地盛產的果物與加工品，也陸續成為龍眼林福利協會主打販售的農特產品。透過推廣銷售活動、網路平臺等管道，讓許多無法親身造訪龍眼林的朋友，可以輕易地品嚐到山村在地的鮮美滋味。[3]

這些活動不僅成功地替中寮鄉的產品打開能見度和通路，提升在地農特產的價格，讓在地農民因此更加願意投入生產，也帶動了中寮一帶發展休閒觀光產業的可能性。福利協會與社區之間不僅串聯活絡地方產業，也持續更新地方的公共設施，進而申請成立農村再生規劃區（龍眼林休閒農業區），吸引更多遊客前來欣賞在地鄉情和風景。而這些所得的利潤，除了作為支持協會繼續營運的來源外，也用來添補各項社會服務工作不足的經費。

打造詩情畫意龍眼香

農委會出版的《農政與農情》第一七六期（二〇〇七年二月）以〈詩情畫意龍

2 同前註。

3 參見黃靖玫：〈震災後萌芽的福利國：專訪龍眼林福利協會廖振益總幹事〉（上）（下），新作坊，科技部人文創新與社會實踐資料庫建置計畫。
http://www.hisp.ntu.edu.tw/news/epapers/49/articles/142（上）
http://www.hisp.ntu.edu.tw/news/epapers/50/articles/176（下）

眼香─南投縣中寮鄉龍眼林庄〉為標題介紹龍眼林：

龍眼林庄除了生產龍眼，還盛產香蕉、柳丁。區內瀑布、野溪與奇石密布，成為旅客訪秘尋奇踏青的好地方。在交通動線上以投十七縣道和投二二縣道與南中寮及南投市銜接，透過國道三號及八卦山隧道等交通網絡的建立，大幅縮短與中部都會區之間的距離，結合當地獨特的景觀、生態農場、社區營造、槌球運動及地方產業等資源，逐步發展成中臺灣的後花園，成為周末休閒一日、二日遊的新選擇。[4]

的確，在龍眼林福利協會的推動下，北中寮值得參訪的景點至少包括「龍安槌球場」、「下水掘生態農場」、「青城農莊」、「月桃香綜合休閒農場」、「龍鳳瀑布」、「肖楠巨木群」等等。

從龍眼林出發，深耕臺中，成立龍眼林基金會

龍眼林福利協會在多年的努力下，逐漸成長茁壯，二〇〇六年在台中市成立「龍眼林基金會」，延續送餐服務，並投入長照二．〇－到宅居家服務、社區長者家庭支持服務、脆弱家庭關懷支持方案等工作，服務更多的弱勢族群。

龍眼林基金會「認識我們」的網頁寫著：

> 懷著感恩惜福、樂善共助的心，二〇〇六年起，龍眼林基金會深耕臺中，一步一腳印踏遍社區每個角落，秉持著社區人做社區事的態度，我們做政策不足的，我們做別人不做的，堅持把小事做好，陪伴弱勢在黑夜中找到光亮。南投縣中寮鄉，分為北中寮及南中寮，其中北中寮早年又稱為「龍眼林」，也是我們最初的創始地，一個對我們而言意義重大的根——龍眼林。九二一地震是臺灣人共同的記憶，也是中寮人永難忘懷的惡夢，而這裡就是我們的起點。[5]

4 參見王智緯：〈詩情畫意龍眼香——南投縣中寮鄉龍眼林庄〉，《農政與農情》，一七六期，二〇〇七年二月。https://www.coa.gov.tw/ws.php?id=12430

5 參見財團法人龍眼林基金會網頁。http://www.lon.org.tw/page/about/index.aspx?kind=3

在廖振益、龍眼林福利協會及社區村民的合力推動下，龍眼林不僅走出震災的陰霾，更一步步的蛻變，讓原本默默無聞的農村，成為綠意盎然的美麗農村，展現出與過往不同的景觀與風貌。現在更是邁開腳步準備深耕臺中。

這是一個從社區學習開始，社區照顧切入，發揚在地產業文化，並能在成長之後，「得之社會、反饋社會」的故事！

走在長照二・〇前面的機車行黑手

——邱慶禧

一位曾經是YAMAHA機車國姓鄉經銷商的飄撇少年兄，因為一場無情的地震改變了人生，從此投入社區照顧服務長達二十年，至今仍不放棄，現在已成為長照二．〇A級旗艦店的領頭羊。

曾經是YAMAHA機車國姓鄉經銷商，愛開名車、品紅酒的邱慶禧，二十九歲那年，載著偵查員朋友外出，遇到蔡姓殺警嫌犯，慘遭池魚之殃，大腿中彈。性命保住了，但大腿神經被槍傷阻斷，得以請領鄉公所核發的殘障手冊。一九九九年一場強震，邱慶禧的機車行禁不起劇烈搖晃，瞬間傾頹，店中一名十九歲的修車師傅被壓在瓦礫堆下而往生。

成立福龜新展望工作站

大震後，南投縣政府顧問團成員白錫旻先生和邱明民先生於一九九九年十月協調環亞貨櫃捐贈二十個貨櫃，在中潭公路旁，當地陳姓地主無償出借的土地上搭建了工作站。後來縣府顧問團撤離福龜，留下大量的物資和設備，邱慶禧有感資源得來不易，於是找來同為福龜國小家長會成員的陳諸亮先生及當地的義工媽媽們前來幫忙。二〇〇〇年二、三月間，他們共同接下福龜新展望工作站的重任。隨後，參加了全國民間災後重建聯盟在埔里暨南大學舉辦的「相見歡」活動。在全盟的邀請下，加入全盟聯絡站的網絡，成為全盟在國姓鄉的一個聯絡站。[1]

工作站於災後初期投入的工作內容包括：實體建設、社區服務與心靈重建等三個方面。在實體建設部分，主要是把空下來的貨櫃屋重新布置，建立數個社區中心主題館，作為社區民眾休閒、聚會交流的場所。在社區服務方面，則著重於居家服務（包含中午送餐）與課業輔導。在心靈重建方面，則提出「福龜在地青少年社區樂隊培育計畫」的構想，希望透過音樂撫慰人心，以音樂抒發潛在的心靈壓力。社區樂隊在二〇〇〇年七月十六日成立，同年十二月就在全國音樂比賽南投縣初賽獲得甲等。而工作站最感欣慰的是「福龜田園生態小學」，其最大的特色是讓小朋友在課堂上能夠實際觸摸到鄉間的泥土，一花一蟲，一草一木，親自體驗大自然的奧秘。

成立南投縣生活重建協會投入社區照顧服務

二〇〇〇年，邱慶禧等人有感於社區老人照顧服務的需求，以在地人打造新故鄉社區福利園區為目標，發起成立「社團法人南投縣生活重建協會」。同年十二月三十一日獲南投縣政府准許立案，邱慶禧擔任協會理事長，開始投入社區照顧服務工作。

二〇〇三年，福龜國小重建完成，南投縣政府將閒置的福龜國小臨時教室移撥

1 參見謝國興編：《協力與培力——全國民間災後重建聯盟兩年工作紀要》，頁439-445。

福龜新展望工作站

給生活重建協會使用，一直到二〇〇七年八月遷入協會新建完成的社福中心大樓。

三次大難不死，邱慶禧選擇將愛散播出去

二〇〇三年，災後第四年，當災後重建工作漸次步入軌道，正要鬆一口氣之際，邱慶禧感到體力不佳，到醫院檢查才發現自己罹患膀胱癌第三期。在獲悉病情後，邱慶禧沒有選擇放棄，而是決定持續把愛散播出去，十多年來，他沒有把自己當成病人，反而一本初心，與膀胱裡的癌細胞和平共處，不但病情有效控制，體能也愈來愈好。

過去將近二十年的歲月，生活重建協會投入

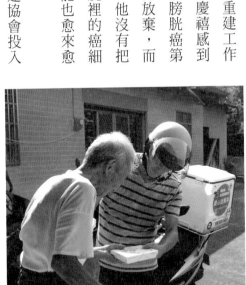

的社區照顧服務包括[2]：

（一）送餐服務

地震後不久，工作站就開始製作愛心便當分送給國姓地區的獨居老人，震後幾個月後，資源陸續退出，許多獨居老人及身心障礙者仍然無法自理三餐；協會便召集本地新住民姊妹或經濟有困難的婦女，先協助她們取得中餐丙級廚師證照，隨後開始提供獨居老人及身心障礙者送餐服務，送餐服務範圍遍及鄉內十三個村里，因國姓幅員遼闊，地形多山，許多獨居老人及身心障礙者深處偏遠的地區，社區媽媽每天需翻山越嶺才能將便當送到獨居老人手中，非常辛苦。

（二）設立社區關懷據點

由於許多老人在家中無所事事，鮮少外出與人交談，缺乏與他人交流互動的機會。因此，協會先在會所設立社區關懷據點，每週二舉辦老人社區文康活動，邀請並接送行動較不便的長者前來據點參與活動。還替老人家們作簡單的血壓、身體概況檢查，讓老人家重新找回生命的活力與生活的重心。

針對參與社區關懷據點活動的長者，協會要求專業輔導員與個案持續保持聯繫，以了解個案的身心狀況，再與社工員討論並規劃後續活動內容及流程，並視個案狀況實施電訪或面訪服務。對於不願意或不便參與活動的長者，協會也要求專業輔導員持續關懷，以了解個案的身心狀況，一旦發現有緊急事故或病痛，即通報社工員介入服務，以建構關懷長者的多元化網絡。

（三）弱勢戶往生安葬

協會送餐、居家服務的個案，多半為獨居老人，經濟狀況通常不太好。協會秉持服務的宗旨，透過社會網絡，尋求社會大眾的力量協助鄉內「生活困苦」且「經濟拮据」無力為往生者辦理後事的家庭籌措葬儀費，送往生者最後一程，並將靈位安奉於草屯鎮立及埔里鎮立的優惠公立塔位，讓往生者順利的入土為安，走完人生的最後一程。

2 http://ntrelife.org.tw/service.html

（四）弱勢家庭兒童及少年社區照顧服務

因為農村人口結構老化的關係，縣內長久以來即存在青壯年人口外流的問題，幼子及老人已逐漸成為國姓鄉的主要人口群。

到都市謀生的年輕父母因無法兼顧事業與照顧子女的責任，常將子女託給祖父母或外祖父母幫忙照顧，使得隔代教養及單親家庭子女數量不斷攀升。部份家庭為解決傳宗接代及老人照顧問題，會迎娶新移民。近幾年來，國姓鄉的異國婚姻數量成長相當快速，產生許多家庭問題，如：生活適應、夫妻溝通、子女教養、婆媳相處、經濟拮据，甚至是家暴等問題。

為落實國姓鄉弱勢戶、新住民家庭及其子女的輔導與服務工作，讓家庭親子教育能搭起良好溝通橋樑，協會透過訪查建立完整個案資料，以個案管理方式，結合心理、教育、早療、社工等專業組織連結成資源網絡，並藉由弱勢戶與新住民家庭的訪視輔導、學童課業輔導、親職教育與親子活動等方式與活動，提供弱勢戶、新住民家庭及其子女週延完整且具連續性的福利服務。

（五）老人及身心障礙者居家服務

因為家庭結構改變，老人們缺乏照顧，造成許多憾事。為提供完整的照顧服務，建構老人及身心障礙者社區照顧體系，滿足失能老人的照顧需求，協會於二〇〇六年起，即結合在地社區資源與社會福利服務網路，強調「留在社區照顧」的原則，扮演社區資源整合的角色，透過正式與非正式的資源整合，讓老人家可以在社區獲得妥善的照顧與服務，並協助長者能在熟悉的社區環境中頤養天年。

種植白玉耳與黑木耳，成立九二一社會企業

生活重建協會成立以來，邱慶禧的無私投入，獲得生物科技博士賴敏男的肯定與幫助，傳授栽植白玉耳技術。協會也決定藉由種植白玉耳自給自足，幫

助更多的弱勢者，於二〇一六年獲准設立「九二一社會企業股份有限公司」將在地產業商品化，一方面銷售生鮮白玉耳與黑木耳，另一方面也委託食品廠將生鮮白玉耳與黑木耳加工製成「有機白玉耳露」與「有機黑木耳露」，並將銷售所得扣除成本後投入社會福利工作，讓獨居長輩、弱勢戶兒童、失能身障者得到品質更好的照顧，讓社會的愛心能夠永續下去。

獲選為第十二屆「兩岸三地愛心獎」

九二一震災後，籌組「南投縣生活重建協會」投入災區送餐，持續不中斷的邱慶禧善行獲港澳臺慈善基金會評選為第十二屆「兩岸三地愛心獎」（二〇一七年），並頒贈十萬美元獎金。他將這筆折合新台幣逾三百萬元的獎金全數挹注協會，作為老人送餐的經費。

獲獎當時，已經回鄉幫忙的大女兒望柔聞訊後非常高興，高興的不是老爸的獲獎，而是期待全家可以藉由領獎的機會出國玩幾天。沒想到，邱慶禧安排的班機時間是領獎前一天晚間的班次，領完獎隔天就搭早班飛機回臺。望柔說，老爸就是放不下協會和木耳農場的黑白木耳。

南投縣生活重建協會是南投縣長照二．〇的領頭羊

二〇一六年十一月，民進黨力推的「長照二．〇」上路試辦，南投縣國姓鄉的長照二．〇工作，也從二〇一七年十二月中旬啟動，由南投縣生活重建協會擔任長照二．〇A級旗艦店的領頭羊，帶領國姓鄉衛生所的B級專賣店以及四個C級巷弄柑仔店。

縣府社會處社福科長李誌寬表示，國姓長照服務網目前以南投縣生活重建協會為A級旗艦店，國姓衛生所則為B級專賣店，石門、南港、國姓、梅林等四個社區協會則為巷弄柑仔店，以一A、一B、四C佈建國姓鄉的社區照護網絡，照顧對象可望從原有長照一．〇的三百人提升為八百人。行政院中辦副執行長湯火聖、鄉長丘甫生、鄉代會主席羅智彬等人均在揭幕儀式致詞，感謝在地深耕十八年的生活重

建協會理事長邱慶禧，感謝他挺身為全鄉的弱勢長輩提供更完善的服務。[3]

什麼是長照二・〇？什麼又是A級旗艦店

隨著人口老化及照顧服務需求多元化，為因應失能、失智人口增加所衍生的長照需求，提供從支持家庭、居家、社區到住宿式照顧的多元連續服務，建立以社區為基礎之長照服務體系，行政院於二〇一六年十二月核定《長照十年計畫二・〇》（簡稱長照二・〇），並自二〇一七年一月起實施長照二・〇，以回應高齡化社會的長照問題。長照二・〇的目標一是向前端銜接預防保健、活力老化、減緩失能，促進長者健康福祉，提升老人生活品質；二是向後端提供多目標社區式支持服務，轉銜在宅臨終安寧照顧，減輕家屬照顧壓力，減少長照負擔。除積極推廣社區整體照顧模式試辦計畫、發展創新服務，建構以社區為基礎的健康照護團隊體系，並將服務延伸銜接至出院準備服務、居家醫療等服務。另亦增加長照一・〇現有服務之彈性，將服務對象由四類擴大為八類，服務項目由八項增至十七項。[4]

長照二・〇中特別強調建立以社區為基礎的長照服務體系，並規劃推動試辦社區整體照顧模式，於各鄉鎮設立「社區整合型服務中心（A）」—「複合型服務中心（B）」—「巷弄長照站（C）」的社區整體照顧模式，建構綿密的照顧資源網絡，提供民眾整合、彈性，且具近便性的照顧服務。依據服務規範與服務項目，「長照服務的社區據點」可分為：

A點：社區整合型服務中心，有日照服務、居家服務、營養餐飲、社區巡迴車等接送服務，同時有照管專員，協助到民眾家中評估需求，再協調資源進入。有如店中店的大型量販場，個人來了還能在賣場裡的小店買東西。

B點：複合型服務中心，提供居家護理、復健，有如超級市場，服務比A點少，但仍有多種選擇。

3 佟振國：〈守護八〇〇長者，國姓長照二・〇整合上路〉，《自由時報・中部版》，二〇一七年十二月六日。https://news.ltn.com.tw/news/local/paper/1157681

4 本節部分文字摘自「衛福部長照政策專區」：https://1966.gov.tw/LTC/cp-3635-42393-201.html

C點：巷弄長照站，有居家服務、臨時托老、供餐等，數量最多、最方便，有如便利商店。最終目標希望長輩走到巷口的C點就能滿足基本需求，若有高階服務則可以找B級或A級據點。

透過前述說明，大概就可以了解南投縣生活重建協會能經營至今，甚至獲選成為A級旗艦店是很不簡單的，也是邱慶禧一路走來的踏實腳步與深厚累積的成果。

清圳引水水長流

——廖學堂

廖學堂因為九二一地牛翻身，讓消極的生活態度，一夕之間有了重大轉折。先是投入福盛圳的復活計畫，打通一條長約六公里，早已廢棄多年的水圳，再是為了替家鄉的農業找出路，開始探索從產業文化重拾農村活力的可能，投入溪底遙的無毒柳丁夢，和馮小非一起推動「溪底遙學習農園計畫」，創辦成立「溪底遙學習農園」。他們相信：友善環境的農產品，可以改變世界。

廖學堂，南投中寮人，世居八仙村馬鞍寮，年少時在外闖蕩，近三十歲才回到故鄉，擔任南投縣中寮鄉公所村幹事。九二一震災後，曾經帶領村民修築福盛圳，把自己奉獻給家鄉的廖學堂，一直希望自己能變成一棵樹，讓中寮的孩子可以在樹下乘涼、玩耍。二〇〇八年十一月十八日，廖學堂英年早逝，他投入很深的「溪底遙學習農園」，在部落格上公告了創辦人廖學堂離開人世的訊息：「他已提前在二

南投
中寮鄉公所臨時辦公處
成

土地登記

〇〇八年十一月十八日安詳地走完四十六年的人生，到天上和他的父母親會合。」[1]

當年在中寮拍攝「在中寮相遇」紀錄片的導演黃淑梅，在九二一災後第十九周年的臉書PO文懷念在天上的朋友—廖學堂，希望他已如願成為一棵樹。

黃淑梅為廖學堂與圳工阿伯、阿嬤們的努力與用心，拍攝了《在中寮相遇》（紀錄片）留下完整的影音紀錄，讓痛苦卻美麗的回憶可以一代傳一代。

從成立中寮鄉親工作站開始

中寮，位於南投縣稍偏西，東邊接國姓鄉與水里鄉，西北邊為南投市，西側為名間鄉，南側鄰集集鎮，北面為草屯鎮。全鄉總面積約為一四六平方公里，佔南投縣面積的三．五七%。九二一大地震之前，很少人知道中寮鄉在哪裡，九二一震災中被夷平的永平老街透過媒體的報導，這個幾乎被遺忘的小鄉鎮才逐漸浮現在國人的腦海裡。其實，中寮在日治時期就以盛產香蕉和柳丁名揚海外。

中寮鄉依山勢及流域可分為北中寮與南中寮兩大區塊，鄉民叫北中寮為「龍眼林」，南中寮為「鄉親寮」。九二一之前，擔任公所村幹事的廖學堂過著平靜的日子：上班時，到社區活動中心幫幫年老村民申請老人年金，辦農、健保，發放兵役通知，有時幫不識字的村民寫寫信、過濾稅單等；下班後，則和三五好友淺酌小飲、下下圍棋。棋力二段的他，若偶逢對手，經常廝殺到天明。生活有些逍遙，也略顯消極的廖學堂在九二一地牛翻身，一夕之間山河變色之後，生命態度有了重大轉折。尤其是看到那麼多的團隊義無反顧的來到中寮投入重建，看在廖學堂和同鄉好友張燕甲等人眼裡，也不得不開始思考：「如果自己還不站出來就太不應該了。」於是他們在果然文化工作室的協助，成立中寮鄉親工作站，並在全盟的邀請下，加入全盟聯絡站的網絡，成為全盟在南中寮的一個聯絡站，隨後馬麗芬、李慶忠和陳秋帆等人也陸續加入工作站團隊。

1 參見陳鳳麗：〈受助兒聯手種樹，幫廖學堂完成遺願〉，《自由時報》生活新聞版，二〇〇八年十一月二十日。

福盛圳復活計畫

中寮鄉親工作站於二〇〇〇年三月成立後，最初的主要工作是協助鄉民重建，包括法律諮詢、心靈重建、地方文史紀錄、社區總體營造等。其後的工作主軸則包含福盛圳復活計畫、編輯鄉親月報、社區婦女與小孩的陪伴工作等。其中，修復福盛圳，帶動許多村民的共同參與，成為大家的共同記憶。

福盛村的福盛圳開鑿於日治時期，水圳經山崖斷壁來到八仙村，全長約六公里。隨著時代演變，灌溉功能逐漸喪失，早已廢棄多年。[2] 九二一地震那個夜晚，八仙村住戶因瓦斯桶爆炸起火，火勢竄燒六戶民宅，自來水管線因為地層錯動而支離破碎，村內陷入驚慌失措的火災急難中。幸虧這條廢棄多年的水圳，還有二天前積存的雨水，讓村民得以取水撲滅了大火，也因此讓村民重新省思福盛圳的重要性。[3]

災變後，大家對這條水圳充滿了感念，也重新思考水圳存在的意義，於是讓水圳復活的共識一時間化為具體的行動——二〇〇〇年四月九日，中寮鄉親工作站發動附近村民清理水圳。由於福盛圳全長約六公里，寬不到一公尺，僅屬水溝規模，但是全程多蜿蜒在山腰懸崖之間，穿山而過的水流隧道就有三、四座，荒廢數十年，很多圳段早被走山的土石淹沒，無跡可尋，要以義工的方式來清理不是長久之計。加上看壞者眾，要推動水圳復活計畫恐怕不是那麼容易，主管的農田水利會根本不予理會，為了一張水圳路線圖，還得奔波省政府黎明辦公處。即使路線圖到手，按圖索驥，也未必能找到圳道位置。所幸獲得全盟的經費支持，在和老一輩的「巡圳員」阿錦伯及曾經修復過這條圳的一些耆老討論後，估算出所需費用，決定申請勞委會「重建大軍方案」的奧援，爭取到三十四名臨時工作津貼名額。

二〇〇一年二月一日，舉辦了福盛圳開工典禮。[4]經過圳工們一年多的努力，

2 參見田懷生：《清代中寮地區的社會發展與民間信仰》，中興大學歷史學研究所碩士論文，二〇一二年。

3 南投縣政府「走進南投」（旅遊資訊）。http://travel.nantou.gov.tw/detail.aspx?type=legend&id=347

4 見謝國興編：《協力與培力——全國民間災後重建聯盟兩年工作紀要》（臺北市：全國民間災後重建聯盟，二〇〇一年），頁331-339。

二〇〇二年九月二十四日、十月二日先行引水、試水，終於在二〇〇二年十一月二十一日正式舉行通水典禮。

福盛圳的修復通水為中寮賦予新的生命！並持續引水灌溉至今，當年廖學堂與圳工阿伯、阿嬤們的努力與用心，令人懷念與感佩。

以行動回報援助之恩

二〇〇一年，臺北市遭逢納莉颱風重創，廖學堂在獲知消息後，隨即動員八仙村民帶著畚箕、鋤頭連夜北上，幫忙臺北市民清理打掃。村民出自回饋心理，暫時拋下身邊的工作充當義工，以行動回報臺北市民的援助之恩。

溪底遙的無毒柳丁夢

身為中寮子弟的廖學堂很清楚產業是最根本的，也是最深沉的問題。當米甕是空的，孩子的學費沒有著落，環境綠美化作得再好，社區藝文活動辦得再風光，歡樂場面只是假象，大家還是苦哈哈，怎麼快樂得起來呢？農村重建不能過度依賴觀光，能夠在地生活最為重要，也是重建工作的真正目標。

為了替家鄉的農業找出路，廖學堂背後有一股很大的推力，只是不知從何著手。在參與社區重建的過程中，廖學堂開始接觸農業經營的新概念，潛藏在他心裡頭「推動有機農村，提升水果價值，讓人們親近無農藥果園」的想法逐漸浮現。

就在福盛圳開通之後，中斷數十年的圳水重新奔流。這時，地震後進駐創辦《中寮鄉親報》的馮小非也正探索如何從產業文化重拾農村活力，兩個人的理念相投，於是開始了溪底遙的無毒柳丁夢。

廖學堂想要朝「友善耕作」與「有機農業」發展，改變家族種植的柳丁園，提升水果價值，成為讓人們可以親近的無農藥果園。但是，廖學堂面臨的第一道難關是父親的反對，爸爸根本不相信可以種植有機柳丁。學堂就先從自家的果園做起，在家族的果園邊，搭起簡單的工作室，開始進行有機種植，透過實際行動的說服，

務農近一甲子的老父才勉強答應。「溪底遙的無毒柳丁夢」終將成真。[5]

今天，大家看到「友善耕作」與「有機農業」兩個詞會覺得「無感」，認為那已經是朗朗上口的、處處可見的詞彙，這其實是近十幾年來，一波又一波的「食安」風暴與官方及民間合力推動下所換來的成果。在十幾年前，「友善耕作」與「有機農業」對農民朋友而言是一個需要溝通、溝通、再溝通的觀念，所以開園後的最初幾年，週邊農民仍然止於觀望。但廖學堂並不氣餒，他很清楚「觀念改變非一朝一夕，農業從來沒有速成班，學習等待，也是一種紮實的教育」。

從無毒柳丁夢到學習農園

廖學堂與馮小非從無毒柳丁種植開始合作，經過四年的時間轉型有機種植，二〇〇三年正式成立「溪底遙學習農園」，陸續加入新成員，更吸引了在地的果農廖國平來學習有機技術。有機種植並不容易，溪底遙希望在傳統農業區扮演帶動者的角色，讓其他的農民知道有機種植的方式是可行的。溪底遙同時也是連結農民與消費者的介面，農友負責用無農藥的方式來栽培或加工農產品，並且按時記錄農事履歷；溪底遙則負責銷售、服務消費者、開發產品及協助引介技術。在這樣的協力關係下，農家以土地生產健康食物支持消費者的營養與精神，消費者則透過購買或閱讀來支持農家的耕種。[6]

斯人已遠，精神仍延續

地動之後，從清圳引水開始，到推動有機農業，廖學堂深刻地實踐著對於家鄉、土地的摯愛。

廖學堂雖然已經離開，但當年成立的「無毒柳丁果園」與「溪底遙學習農園

5 參見徐清銘：〈廖學堂九二一震醒的生命實踐態度〉，農委會農業知識入口網，二〇〇六年。http://kmweb.coa.gov.tw/ct.asp?xItem=104638&ctNode=1567&mp=1&kpi=0&rowId=&hashid=

6 參見數位時代：〈在溪底遙上傳人與土地的和諧〉，數位時代網站，二〇〇八年五月一日貼文。https://www.bnext.com.tw/article/9593/BN-ARTICLE-9593

▶溪底遙友善柳丁栽培多年後，果樹元氣飽滿，果實很有滋味，相信學堂應該感到很安慰

（https://www.befarmer.com/）」依然持續；曾經和他在中寮鄉親工作站一起打拼，開通福盛圳的伙伴張燕甲與李慶忠等人，則在家園重建後回歸日常；熱心地方事務的李慶忠在二〇一八年當選福盛村村長。投入重建的過程中，他的太太馬麗芬另外成立了「仙鹿巷壹號布工房」帶領著社區媽媽剪裁碎布，用針線縫製布偶，走出屬於她的路。

廖學堂的有機農業理想更持續蔓延拓展。「溪底遙學習農園」與無毒柳丁夢已經由馮小非延伸到「上下游News&Market新聞市集」，友善環境的農產品，確實也在一步一步地改變世界。而馬麗芬則持續屬於她自己的使命，正透過「壹號糧倉商號」支持許多努力經營友善農耕的農友們，用不影響生態的方式來耕作，而大眾的購買就是支持他們延續好的價值與工作態度的最佳鼓勵。

謹以此文懷念在天上的學堂，希望你在天上安好，無牽無掛！

為愛多走一哩路

——馬麗芬

一場大地震讓馬麗芬，一個原本生活悠閒的都會上班族決定離開原有的生活軌道，投入災區重建行列，她先從自己最為熟悉，以前想做卻一直沒有機會做的兒童及婦女主題先做起。接下來她成立了「仙鹿巷壹號布工房」帶領十個社區媽媽剪裁碎布，用針線縫製布偶。在結束布工房完成安置之後，她重回職場，在經歷幾年的職涯轉換後，過去的重建夥伴又把她導回起點，受託回去整頓一個搖搖欲墜的茶坊，但天不從人願，龐大的財務壓力及不敵市場競爭，只好忍痛拉下鐵門。同一時間，一通來自高雄那瑪夏達卡奴瓦部落的電話，又把馬麗芬從南投拉到那瑪夏展開跨區協力之旅。

先作再說，有動就有希望

九二一地震前，馬麗芬在一家代理歐洲寢飾織品的公司上班，負責人力資源，收入不錯，過著「自我感覺良好」的日子。一九九九年配合公司在臺中設立百貨專櫃，回到臺中上班，每天往返臺中南投兩地通勤。

九二一這一震，讓她頭也不回地遞出辭呈，離開原有的生活軌道，回到中寮的夫家，準備參與九二一災後的重建工作。這時，馬麗芬的老公廖學堂正和同鄉好友張燕甲等人思考如何投入中寮的重建工作，並在果然文化工作室的協助下成立中寮鄉親工作站，而馬麗芬也因此加入工作站團隊，擔任工作站的執行長。工作站運作初期除了承續果然文化工作室的《鄉親報》外，另外一個重要的工作就是推動「福盛圳復活計畫」。身為執行長的馬麗芬也決定把自己最熟悉，以前想做而未做的一些想法寫成具體的計畫，包括「烹飪媽媽教室」、「說故事媽媽」、「地球媽媽教室」、「布偶戲劇」等等，並順利獲得全盟的經費支持。因為有了這些經驗，兒童及婦女的主題便成為工作站的範疇。

成立仙鹿巷壹號布工房

一九九一年，馬麗芬和主婦聯盟基金會相識於臺中工作室，九二一重建階段因為中寮鄉親工作站「地球媽媽教室」的開課需要，馬麗芬邀請中區主婦聯盟來到中寮災區開辦一系列課程，並教社區媽媽們利用碎布縫製娃娃。為此，馬麗芬也向老東家求援提供碎布，老闆二話不說馬上就寄了兩箱碎布到中寮。

災後，政府為解決九二一地震災區重建及民眾的就業問題，由勞委會提出「建立災區重建大軍就業方案」，並依據「就業服務法」第二十四條第一項第六款規定，於二〇〇〇年十月一日發布「九二一地震災區就業重建大軍臨時工作津貼作業要點」。由於「建立災區重建大軍就業方案」鼓勵災區民眾及事業單位組成就業重建大軍，共同投入「災民生活工坊發展計畫」，於是馬麗芬興起成立布工房的念頭，邀請社區婦女加入布工房組成就業重建大軍，以便申請為期十一個月每日新台幣五四二元的臨時工作津貼貼補家計。並向財團法人九二一震災重建基金會申請二十萬元的設備費用，購置縫紉機。在萬事俱備，即將鳴槍起跑之際，馬麗芬反而猶豫起來，她開始擔心作品萬一賣不出去怎麼辦？馬麗芬回憶起當時東海大學社工系陶蕃瀛副教授（現任靜宜大學社會工作與兒童少年福利學系副教授）的一句話：「不管作品賣不賣得出去，這十一個月的薪水，可以照顧十個媽媽和她們的十個家庭。」這句話讓她決定放手一搏。就這樣布工房在二〇〇一年八月十三日正式開工。因為工作地點位於中寮八仙村仙鹿巷內的第一棟房子，就把布工房取名叫「仙鹿巷壹號布工房」。

新移民女性的娘家——布工房

從點燃第一串鞭炮正式開工起，這些社區媽媽就在中寮八仙村的布工房默默地用著舊針線，縫出一個又一個布偶。當這個「打造農村婦女新經濟」的故事慢慢傳開之後，各界也用心幫他們媒介展售機會，包括獲得到涵碧樓寄賣及與華航議價的機會等。甚至在二〇〇四年代表中華臺北參加二〇〇四年第九屆APEC婦女領導人網絡會議（Women Leaders' Network, WLN），在平行工作坊「最佳範例分享討論」

▲布工房開工鳴炮。
▼參加布工坊的阿桃一邊繪製布偶圖 一邊餵小孩。

中進行報告。

二〇〇一至二〇〇七年的六年期間，布工房設立營收提撥百分之十的社區回饋機制、開辦新移民女性識字班、輸出社區女性微型經濟產業的know-how。交流地點從高雄三民鄉（現今的高雄市那瑪夏區），遠至中國的河南、北京，但還是無法挽回「仙鹿巷壹號布工房」終將熄燈的結局。[1]

熄燈說再見

二〇〇七年十月二十七日udn部落格出現一則訊息：

> 仙鹿巷壹號布工房在九二一地震後一年餘，在執行長馬麗芬提議下，集結中寮社區媽媽成立布工房，協助社區重建工作，該坊走過六年餘也各界獲得肯定，但日前布工房成員投票決定，社區媽媽不承接布工房工作，營業到九月底，坊內的設備、材料等，將捐給需要的團體單位，回饋社會長期的支持。

「親愛的朋友們：我們必須向大家宣佈一個消息—仙鹿巷壹號布工房要正式結束營業了！」日前仙鹿巷壹號布工房在官方網站發佈該消息，引起許多愛好者錯愕，不落俗套的拼布設計、剪裁及縫製等，誠品書店、涵碧樓及臺北故事館等地寄售，打響知名度，也間接協助社區媽媽重建之路。[2]

取之於社會，還諸於社會。布工房媽媽該得的工資沒有虧欠，該扶植發展個人品牌的（布工房班長沈碧玲個人品牌）則協助繼續上架到布工房原合作的行銷通路，所有軟硬體設備分別捐贈給：中寮鄉八仙社區活動中心、財團法人新故鄉文教基金會、財團法人伊甸社會福利基金會南投服務中心、大安溪部落工作站。

九月底結束的布工房，引來愛好者蒐購潮，社區媽媽低頭奮力地趕工，趕在十

1 「仙鹿巷壹號布工房」的詳實故事可參考王郁寧所著的《舊針線．新創意——布工房打造農村婦女新經濟》（臺北市：婦女權益促進基金會，二〇〇五年）。

2 http://blog.udn.com/mobile/cly1204/1281892

月十日前出貨完畢。面對未來，有些媽媽回歸到家庭，經濟有困難的媽媽需要另謀出路的，則在南投市公所對面開設青草茶行。布工房七名社區媽媽每天有四名來看店，青草茶所用青草都是她們自行種植，轉賣青草茶也算一條出路。

負責任的馬麗芬並沒有這樣拍拍屁股走人，她還善盡最後的責任，對外尋求資源，依照法規，發給每位社區媽媽該得的資遣費。

拉下清水茶坊的鐵門：臺灣社會企業的先行者

清水茶坊的前身「問茶館」源自九二一大地震後一群熱血知識青年，包括翁英欽、冷尚書、方昱等人，為振興地方產業，並為偏鄉老人送餐，選擇一個坐落在鹿谷鄉清水溝溪旁的村落成立「清水溝重建工作站」。

鹿谷以產茶聞名，地震之後，社區產業因地震而停頓，他們四處奔波，寫計畫找尋援助，幫助當地居民重建產業。他們和當地居民建立茶業產銷合作社，以「問茶館」作為茶葉品牌，透過網路與組織行銷，踏出災區經濟重建的第一步。由於災區的問題複雜，產業重建不是社區再造的唯一。二〇〇一年，工作站成立老人食堂，照顧村中許多獨居的老人，解決農村年輕人外流，老年人缺乏照顧等問題。他們認為，九二一的發生只是將三十年的農村問題爆發出來：其實我們不是解決震災問題，而是要解決農村的問題。

隨著社區工作的開展，工作站也陸續加入當地的新血，包括林麗敏與賴能炫等人。他們在工作上不分階級，透過相互討論的民主機制，讓每位成員都能參與組織的事務。也因為這樣的民主參與機制，讓清水溝工作站的重建行動，在災後第二年獲得不錯的成果，但在重建團隊與當地產銷合作社組織的一場衝突，不僅讓剛起步的產業重建完全瓦解，也連帶讓工作站的社區關係進入一個疏離的狀態。

衝突之後，工作站成員被貼上外地人的標籤，這個標籤成了劃分當地社區組織與外來團隊的分類工具，也讓工作站成員在感情上必須面對選邊站的痛苦抉擇。從臺中嫁到鹿谷的麗敏，以本地人的身份，選擇留在工作站，面對來自村里間的人情壓力，她不願放棄幫助社區的理想。更可貴的是，即便有壓力，麗敏還是接下工作站理事長的職務，以行動化解工作站是外地人的說法，尚書則是直接把戶籍遷入工作站，讓自己成為一個鹿谷人。

他們希望靠著「問茶館」（清水茶坊）的盈餘，來支撐「老人食堂」的公益事業，以創建「社區型自立照顧系統」為目標。這不就是當下最為流行的「社會企業」嗎？所以，他們曾經被公益交流網站稱為臺灣社會企業的先行者。[3]

在衝突逐漸平息之後，工作站還是得面對財務困窘的現實問題。為了照顧五十多位老年人，每月收取的一千元根本不夠買菜，部分食物還得依賴善心人士捐助，因此工作站必須不斷設法籌措財源。除了銷售鹿谷的茶葉外，也設法開發各種傳統食品，包括在地的茶食，手醃的茶梅、紅糖熬煮製作的土豆糖，還有中部小農種植的稻米搭配山藥、蓮子和杏仁等，以增加團隊的收入。二〇〇四年起，他們不再利用災區的意象來賣東西，他們決定走出自己的路。

面對種種的阻礙與質疑，工作站沒有退縮，縱使有人退出且社區態度冷漠，但是留下來的人依舊堅持最初的理想，在現實財務貧困下，每位成員都是精神最富有的人。

受託接下清水茶坊執行長

馬麗芬在離開仙鹿巷壹號布工房後，又經歷幾年的職涯轉換，就像是上帝早已定好的奇妙旅程，不知不覺把她導回南投。

二〇一二年九月，參與九二一災後重建的戰友再度連繫上馬麗芬，說清水茶坊的董事長要延攬她加入團隊擔任執行長，期待她能帶入業界的經驗，改善茶坊財務吃緊的狀況。當時，馬麗芬提出的想法包括解散股東、重整組織與商品架構及申請公部門資源挹注。

馬麗芬回憶，甫一接下清水茶坊執行長一職，就發現公司帳面負債已達一千多萬，且工作夥伴的薪水也積欠多時，一切比她想像的情況還艱鉅很多。

馬麗芬在接手清水茶坊後，發現清水茶坊主打包裝精美的比賽茶，早已無法滿

3 https://npost.tw/archives/30371

足市場上對多元產品的需求，於是著手展開一系列的產品改造。除了開發多元品項外，更從頭改變錯誤的成本結構，甚至申請勞動部培力計畫，引入額外資金來爭取持續發展的空間。儘管這些努力為公司帶來營業額的提升，但仍不敵市場的競爭，始終無法轉虧為盈。

二〇一六年九月三十日，馬麗芬最終決定關閉清水茶坊，並將心頭上的重責大任「老人食堂」所服務的老人家轉介到附近的社福機構，使他們可以繼續接受送餐服務。

為愛多走一哩路

馬麗芬引述《聖經・馬太福音》：「有人強逼你走一哩路，你就同他走二哩；有求你的，就給他。」

二〇一三年元旦過後不久，馬麗芬接到來高雄達卡努瓦部落阿布娪[4]的電話。阿布娪說，莫拉克風災重建即將邁入第五年，原先進駐的機構團體開始準備退場，而達卡奴瓦部落卻才要開始重建。「小芬，妳可以過來一趟嗎？」這句話讓剛接手「清水茶坊」準備要重整組織架構的幾位核心幹部決定南下一趟。

九二一重建期間，阿布娪是婦女權益促進基金會（簡稱婦權會）的委員之一，因為婦權會要出版一套有關女性團體的書籍，當時布工房就是其中一本，因此和阿布娪結下了長達十多年的情誼。

二〇一三年三月十九日，馬麗芬帶著她的幹部，經曾文水庫，翻過茶山，進入那瑪夏。進入眼簾的盡是滿目瘡痍的河床路，可以想見，一旦進入八、九月的雨季汛期，整個部落的對外聯繫幾乎是無路可走。

重建議題不可少的項目必定有產業振興，其首要條件之一便是對外的交通，一旦交通中斷無法暢行，發展產業的條件就會相對薄弱。甚麼樣的產業可以在汛期安

4 阿布娪·卡阿斐依亞那（Apu’ uKaaviana），卡那卡那富（Kanakanvu）族人，「女窩」發起人，長期在基層婦女組織與部落重建工作中耕耘。莫拉克風災後，「女窩」在部落重建路上扮演了重要的角色。

然度過，甚至還有市場需求呢？若部落對外聯繫的道路處於高度封閉情況，則經濟收入的條件就會變得非常少，若要引進資源，則人力負擔就會相對增加。種種難題讓馬麗芬開始思考有無可能藉由跨區方式申請勞動部的培力計畫，讓清水茶坊陪著那瑪夏走二年的重建之路？

二〇一四年，「地方型經濟產業群聚平臺之攜手共進計畫」提案通過勞動部審查，核定補助，從而開始為期二年的培力計畫。二〇一六年，清水茶坊正式熄燈，陪伴那瑪夏的路卻未曾中斷，轉由「壹號糧倉商號」延續至今。

轉身，再戰壹號糧倉商號

親手拉下清水茶坊鐵門的馬麗芬，並沒有就此停下來。她承接清水茶坊的理念，為著責任、承諾、信守異象與生計的平衡點，二〇一六年十一月她成立了「壹號糧倉商號」。她打算以此為友善小農的平臺，透過社群平臺結盟各地微型產業。

馬麗芬說，採友善土地農法的小農，是以虔誠、尊敬的態度，在自然生態與農作量之間取得平衡狀態。而「壹號糧倉商號」則以公平購買的方式，支持友善土地的農民或準備改採此農法的小農。因為，支持友善土地農法的種植，不只關乎農業發展、農民與糧食作物的生產方式，更是生產者與消費者合作互信、尊重自然的一種生活態度與生存哲學。[5]

馬麗芬舉例，像她家自產的龍眼乾就只能是龍眼乾，但若跟白甘蔗小農所產出的糖相結合，透過再製以及有效的包裝，就能將生產者的心意傳遞給消費者，讓它成為更有價值、更具特色的商品。

此外，她也承諾要把好的價值及工作態度保存下來，而這也是「壹號糧倉商號」的使命。畢竟，臺灣還是有很多努力經營友善農耕的農友們，他們努力用不影響生態的方式來耕作，而大眾的購買就是支持他們延續好的價值與工作態度的最佳鼓勵。

5 http://www.onegranary.com/

「壹號糧倉商號」這個即將滿三歲的組織，走起屬於自己的路，路途中有考驗，也有少不了的競爭，相信馬麗芬的強烈使命感，將成為支持組織前進的穩固力量。

卯上主流媒體與文化的行動者

——馮小非

她因為土地有難而投入，從《中寮鄉親報》，到赤腳走入果園，當起農夫，種植柳丁，發起「溪底遙學習農園」計畫；而後受託承辦「小地方社區新聞網」，發起成立「莫拉克新聞網」，創辦「上下游News&Market」（新聞市集）。一路走來，馮小非掛心土地的傷痕、農業與食安。雖然位置不同，參與的方式不同，但串聯土地與食物的堅持則是始終如一！

馮小非，臺北人，輔大大眾傳播系，東海大學社會研究所碩士。研究所畢業後，他和陳卉怡等一群朋友在臺中創立「果然文化工作室」，早先以文化活動為主，辦理各種另類音樂會、影展、同志大遊行等活動，多半以女性議題為主，並參與部分社區營造工作。

九二一大地震發生後，位於中部、自詡為社運份子的果然文化工作室當然不能置身事外。馮小非和王亞力、洪慈宜、陳卉怡、陳雅芬等夥伴走入災區，跟著全景基金會的人員走訪災區，並拍下許多照片後決定創辦一份屬於中寮的社區報。馮小非說到辦《中寮鄉親報》的出發點：

> 那個時候大家對於地震後會變成什麼樣子都有一些想像，因為沒有發生過，所以大家都會猜想，猜想可能會有大規模的人口遷移、大批的人流離失所等等，當時我們就希望有一份報紙可以把這些事情通通牽連起來。另外，我們也覺得很多失去親人的人會有情感上的傷害，如果能透過採訪的過程，讓他們說一說，也許會好一些。[1]

就這樣，工作室的夥伴們決定用自己最擅長的方式協助重建—選定災情最嚴重的中寮鄉辦理社區報。社區報一出刊，果真吸引各界的注目，因為在當時發行的社區刊物中，彩色編印的《鄉親報》是公認印製最精緻的刊物。每一期鄉親報的成刊過程，都是在了解中寮，讓中寮鄉民了解重建的政策與重建的推動過程。工作夥伴們也在一次次的深入採訪中，與鄉民們建立了友誼，後來更協助中寮鄉親工作站的成立，以及幫忙龍眼林籌劃社區學園。

從《鄉親報》到中寮鄉親工作站的《鄉親月報》

《鄉親報》在發行十五期後，決定交由位於南中寮的中寮鄉親工作站接手，張燕甲擔任主編。馮小非和工作夥伴們更在交接前作妥交接的準備工作，包括開設系列的培訓課程—攝影班、編輯班等等。接手擔任主編的張燕甲在交棒後的第一期《鄉親月報》說：

> 以在地人的立場，我想我們有責任，也有義務把這份工作接下來，雖然我們不清楚一份災區的社區報對於災後重建到底能提供多少正面的助益，雖然有鄉親認為

1　參見謝國興編：《協力與培力——全國民間災後重建聯盟兩年工作紀要》，頁117-118。

中寮的社區報

鄉親報

第3期

給我們布，不要給我們衣服。

中寮的社區報

鄉親報

第4期

咱庄若是會和，厝就可以起了。

中寮的社區報

鄉親報

第7期

緊來哦，起厝設計免錢哦！

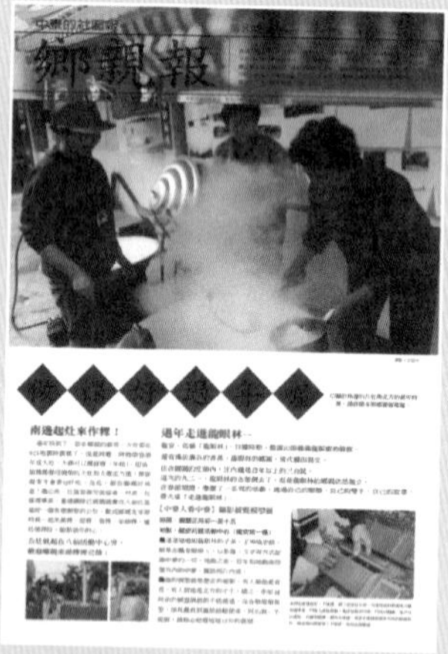
中寮的社區報

鄉親報

南邊起灶來作粿！

週年走進龍眼林

中寮的社區報

鄉親報

第11期

中寮的社區報

鄉親報

中寮的社區報
鄉親報
我們願與中寮的鄉親站在一起。
中寮的社區報—鄉親報出刊了
徵召義工隊

中寮的社區報
第2期
鄉親報
貨櫃屋我的家？

中寮的社區報
鄉親報
這條路，走著父母的腳步…

中寮的社區報
鄉親報
天若是未將咱滅去，咱就要繼續前進。

中寮的社區報
鄉親報
性命寶貴，不要讓鄉親和天公持輸贏。

中寮的社區報
第10期
鄉親報
公元2000年3月21日，距921地震發生，已經半年。

災後重建百廢待舉，辦社區報是一種資源浪費，但我想這樣的機會，應該值得試一試。因為地震的機緣，有了這一份鄉親報，不僅可以提供一個讓我們重新省視腳下這片土地的機會，多年後它或許會為這場百年大地震留下最完整的見證；另一方面，當我們有能力接下所有編採工作時，它所代表的不僅是一份百分之百的在地人觀點的社區報而已，更是我們擺開地震陰霾，昂首闊步邁向未來的展現。[2]

在《鄉親報》的帶動下，重建區社區報紛紛出籠，其中獲得全盟補助的有十三個。二〇〇〇年七月起，新聞局中部辦公室也開始補助重建區社區報印製經費。按照全盟的統計，至二〇〇一年七月底，重建區內共誕生了八〇餘種社區報。這些社區報依發行單位來區分，可分為公部門與民間團隊兩大部分；前者如《重建報導》（行政院九二一重建會）、《南投縣再造快報》（南投縣政府），後者如《鄉親報》（果然文化工作室）、《鄉親月報》（中寮鄉親工作站）、《九二一災盟通訊》（九二一災盟）、《九二一民報》（九二一民報編委會）、《石岡仔鄉親報》（新竹北埔大隘社）、《清水溝報》（竹蜻蜓工作隊）等等。

赤腳走入果園

馮小非在把《鄉親報》交棒給中寮鄉親工作站後仍然無法忘懷中寮的一切，每天還是早出晚歸，開著車奔跑在中投公路上。中寮、臺中來來回回，腦海裡總是掛念著要如何從產業文化來改造重拾農村的活力。

二〇〇三年，馮小非和廖學堂、官欣儀等共同發起「溪底遙學習農園」計畫。一起出資、租地，種植柳丁、鳳梨和龍眼等作物。

溪底遙不只是個農園，更是一個學習場所。農人在地學習對土地友善的耕作方式，民眾則可來此親近土地，看看農作物成長的過程。在網路部落格開始蓬勃之際，「溪底遙學習農園」運用部落格串起網友與有機農友、透過網路將水果與農產加工品賣給消費者，並利用賺來的錢成立社區學園，讓附近的孩子可以來「溪底遙學習農園」讀課外書，一起從大自然中學習找回信心的方法。因為真誠的交流，溪

2　見社區報交棒的第一期《鄉親月報8》，二〇〇〇年八月二十一日出刊。

底遙部落格在二〇〇六年拿到第二屆全球華文部落格大獎「社群經營獎項」的首獎。

從小地方看臺灣

二〇〇四年，當馮小非正在溪底遙學習農園學習種果樹的同時，當時的新聞局地方新聞處處長盧慶榮先生找上她，想委託她來承辦「小地方社區新聞網」。新聞局地方新聞為何要擺開主流媒體，開辦「小地方社區新聞網」業務呢？盧處長說：

現在的新聞媒體對地方事務實在很不重視，每天都報導臺北的新聞，地方議題還有本土新聞都不重視，雖然我也是執政黨團隊的一員，但是我必須要講，這個政府對本土文化也不怎麼重視，每天都是從臺北看天下，我很希望來辦一個媒體，就像你們在九二一之後的社區報這樣，好好報導地方事務，可以讓大家看到臺灣各地的消息……[3]

馮小非也在網站上提到「小地方社區新聞網」的特質：

因為每個人生活的地方，都是一個很小的地方，為了更瞭解彼此，所以希望有一個新聞平臺，交換大家在各自的小地方發生的重要事情。[4]

3 見馮小非：〈小地方，後會有期〉，小地方社區新聞網，二〇一〇年十二月三十一日貼文。http://www.dfun.tw/?p=32996

4 見〈關於小地方〉，小地方社區新聞網，貼文日期不明。http://www.dfun.tw/?page_id=2

就因為這樣的發心，「小地方社區新聞網」在二〇〇四年上路。上下游文化工場公司為承辦單位，馮小非擔任編輯，旗美社大為協力單位。

二〇一〇年十二月三十一日因政府組織改造，行政院功能業務與組織調整，新聞局即將裁撤，「小地方新聞網」也隨之告一段落。「小地方新聞網」因政府無法忍受花錢支持民間批評政府而走入歷史，讓罕見的奇蹟—政府出資但不干預，交由民間自主運作的獨立媒體模式成為絕響。當時力挺「小地方新聞網」的盧處長在二〇〇八年政黨輪替後，辦理退休回臺南種田。

幸虧，有莫拉克新聞網

二〇〇九年八月八日莫拉克颱風重創臺灣，在高雄、屏東、臺東、嘉義等地造成許多居民流離失所，山林田園毀損，其中被評估有遷村可能性的部落更高達四十五個。這不但是臺灣有史以來最大規模的災難遷村工程，也將決定許多聚落或原民部落是否還能永續傳承的命運。跟九二一大地震一樣，媒體大幅報導災區的殘破畫面及政客們相互噴口水的消息。

曾作為新聞工作者之一的馮小非，希望能匯聚關注和報導的力量，讓災區的消息能夠即時發聲，讓不在災區的人們，或是相關的行政部門，能夠更準確的瞭解災區的現況和需求，達到訊息溝通的目的。

於是，馮小非糾集了陳順孝、陳來紅、金惠雯、吳東傑、洪貞玲、林麗雲、林昕、張雅雲、林朝成、莊惠宜、曾旭正等人擔任共同發起人，在招募專職記者及義務編輯人力之後，「莫拉克新聞網」終於在九月二十九日開站。

當主流媒體逐漸將目光移開之際，這個網站的專職記者長期進駐災區，大量報導災區重建資訊，觀察並監督政府的永久屋政策。

何榮幸在〈感謝你，莫拉克新聞網！〉一文指出，這個網站的「武功密訣」在於北部輔大教授陳順孝、中部九二一重建工作者馮小非、南部旗美社大主任張正揚串起的「遠端協力」。除了幾位專職記者的固定供稿外，透過這種合作模式，張正揚提供在地線索，陳順孝帶領輔大《生命力新聞》學生進行電話採訪，馮小非在中部編輯上稿，建構獨立媒體另一種跨區合作型態。然而，這幾位心繫災民的網站主導者卻非常低調，儘量避免讓自己成為媒體報導的主角，一切以「災民心聲能被聽見、重建問題能被重視」為最重要考量。至於年輕的第一線記者，雖然缺乏足夠的專業訓練，卻具有非常高昂的熱情與能量，素樸的報導往往更能忠實呈現災區多元面貌。在那段採訪過程中，「莫拉克新聞網」幾位主導者的無私，以及專職記者在困境中突圍的努力，都讓我留下深刻印象。[5]

二〇一三年八月二十七日「莫拉克新聞網」在走了一千四百六十個日子後，畫下句點。「莫拉克新聞網」發文，謝謝每一個接納「莫拉克新聞網」的朋友們，並希望大家繼續往前走。[6]

根據我的觀察，莫拉克災後重建過程要不是有「莫拉克新聞網」在第一線的報導，機構主導式的永久屋政策及充斥慈善霸權的迫遷過程所引發的爭議將被「快速與效率」及華麗的官方成果報告所掩蓋，真相將永無從查證，被迫遷者的痛楚也無從投訴。所以我說：「幸虧，有莫拉克新聞網。」

成立上下游News&Market新聞市集

持續關注臺灣農業發展的馮小非，繼「溪底遙學習農園」之後，再與蔣慧仙、莊惠宜、蕭名宏、楊偉林、汪文豪等人共同成立「上下游News&Market新聞市集」網站，關心農業、食物與土地議題，也把上游的生產者與下游的消費者連結在一起。馮小非相信：「友善環境的農產品，可以改變世界。」[7]

上下游News&Market（新聞市集）創辦於二〇一一年，是一個關心農業及友善土地議題的社會企業，主要推動的工作有三項：

一、新聞：建立一個關注農業、食物與環境議題的網站，聘請專職記者進行專

5 https://opinion.cw.com.tw/blog/profile/43/article/567h

6 http://www.88news.org

7 參見ENSIT：〈上下游新聞市集——馮小非〉，社會創新人才培育網，二〇一二年九月十日貼文。http://www.ensit.tw/?p=1048

題報導，同時也邀請各界作者，在此發表包含食物、耕作、農地保存、食育教育、綠能生活的文章，交換更多元的訊息。

二、市集：主動進行農產品開發，提供消費者健康的在地食物，也讓農村的經濟更活潑。除自行開發產品，市集也是小農產品的供應平臺，讓大家認識更多本土的自然好產品。

三、生活文學副刊：藉由文藝，能了解人心與洞悉人性，這是不分紙本時代或數位時代的。二〇一七年十一月開始，上下游與文學書寫、藝術創作的好手們共同耕耘一個屬於飲食／生態／農林漁牧的文學／藝術版面。[8]

這些年來的努力，上下游獲得多個獎項的鼓勵：

- 二〇一七年：「失控的低溫物流，揭開四大宅配亂象」，榮獲二〇一七年消費者權益報導獎評審團大獎，入圍曾虛白先生公共服務報導獎。
- 二〇一七年：「路邊捕獲基改豆——基改種子落地生根」，榮獲二〇一七年消費者權益報導獎優勝獎，入圍二〇一七年卓越新聞獎調查報導獎。

- 二〇一七年：「五十年來最慘蜂況，搶救蜜蜂大作戰——全球護蜂風潮」，入圍二〇一七年卓越新聞獎深度報導獎。
- 二〇一七年：「蜜蜂消失生態警報！正視臺灣蜜蜂危機」，榮獲全球華文永續報導獎佳作。
- 二〇一六年：榮獲第八屆星雲真善美傳播獎網路原生媒體獎。
- 二〇一五年：「豪華農舍蠶食、農地種電鯨吞——臺灣農地沉淪錄」，入圍二〇一五年卓越新聞獎平面類調查報導獎。
- 二〇一五年：榮獲La Vie二〇一五十大年度文創行銷平臺。
- 二〇一四年：上下游共同創辦人馮小非榮獲二〇一四年卓越新聞獎第一屆特殊貢獻獎。
- 二〇一四年：「洗衣精濫用殺蟲劑系列調查報導」，榮獲二〇一四年消費者權

8 https://www.newsmarket.com.tw/aboutus/

益報導獎佳作。

- 二〇一四年：「緬甸轉捩關鍵報告」，入圍二〇一四卓越新聞獎平面類國際新聞獎。
- 二〇一四年：回家李果乾入選「臺灣最受肯定的文創商品100選」。
- 二〇一四年：入選shopping design採買誌best 100。
- 二〇一三年：「揭開假米粉真相調查報導」榮獲第十二屆卓越新聞獎平面類調查報導獎與二〇一二年度消費者權益報導獎評審團特別獎。
- 二〇一三年：「埔里小農與瓶裝水工廠的戰爭」，榮獲二〇一三年臺達能源氣候與氣候特別獎。
- 二〇一二年：「孩子的未來、碗中的現在——校園午餐調查報導」，榮獲得二〇一二年消費者權益報導獎優勝，入圍二〇一二年曾虛白先生公共服務報導獎。
- 二〇一二年：榮獲學學獎「綠色設計產業組」影響力獎（首獎）。

九二一大地震發生後，馮小非、王亞力、洪慈宜、陳卉怡和陳雅芬等夥伴走入災區，創辦一份屬於中寮的社區報《鄉親報》。

延伸閱讀 https://jcshieh.tw/?p=6812

《鄉親報》發行十五期後，交由位於南中寮的中寮鄉親工作站接手發行《鄉親月報》。

延伸閱讀 https://jcshieh.tw/?p=7460

二〇〇二年二月起，位於北中寮的龍眼林福利協會接續發行《鄉親照相簿》。延伸閱讀 https://jcshieh.tw/?p=7462

從青蛙的社區經驗到蝴蝶的社群營造

——廖嘉展與顏新珠

從在《人間》雜誌燃燒熱情，到嘉義新港開啟「老鎮新生」的社區營造之路，再到南投埔里成立「新故鄉文教基金會」（以下簡稱「新故鄉」）的七個月後就碰上百年強震，家屋被判全倒，劫後餘生讓廖嘉展義無反顧投入災後重建工作，成功地讓桃米社區成為臺灣生態旅遊的重地。二〇〇五年一月，廖嘉展前往日本參加阪神地震十周年紀念活動，提議將Paper Dome移築到臺灣，作為臺灣與日本地震社區重建經驗的交流中心。如今，紙教堂新故鄉見學園區已成為「新故鄉」社會企業的實踐地。二〇一〇年下半年起，埔里在地社團開始積極思考將「桃米生態村」的概念，擴展連結到大的「埔里生態城鎮」。[1]二十年來，廖嘉展與顏新珠初心不變。

1 本文改寫自廖嘉展於法鼓文理學院心靈環保研究中心的演講稿《從桃米生態村到埔里蝴蝶鎮的社群經濟營造》。該文收入《心靈環保講座選輯（二）——共生智慧：生態社區營造》（新北市：法鼓文理學院心靈環保研究中心，二〇一六年）。http://mindlife.dila.edu.tw/custom_files/105/MLEF-Book-2-9.pdf

PART I

社區營造之路

廖嘉展，雲林人，文化大學新聞系畢業後，就到《人間雜誌》工作。這是臺灣解除戒嚴前後相當重要的一本刊物，以關心弱勢、關心臺灣環境為宗旨。一九八九年九月《人間雜誌》停刊後，他隨著愛山的老婆顏新珠遷居埔里，開起國術館延續父親的中醫之路。直到一九九二年《天下雜誌》創辦人殷允芃鼓勵他復出寫作，他才當起《天下雜誌》中興新村的特派員。一九九三四年，在林懷民、陳錦煌的邀請下到嘉義新港擔任新港文教基金會執行長並出版《老鎮新生—新港的故事》一書，開啟了他的社區營造之路。廖嘉展說，新港的社區營造工作，可說是他的啟蒙老師。

三年後，一九九六年，嘉展和顏新珠再度回到埔里，成立「展顏文化事業工房」。嘉展回憶說：

那個時期是臺灣解除戒嚴之後，社會運動轉向社區運動的重要時期。臺灣有非常多的朋友跟我們一樣，在山巔海涯、在農村、部落和漁村為社區努力。一九九八年，我們在日月潭舉辦「在地的花朵」台灣在地文史工作研討會，這群人的努力，讓我們看到臺灣精彩的一面，也奠定了臺灣社會非常重要的穩定基礎；同時，我們也開始慢慢地思考，個人的文史工作室如果沒有辦法轉型的話，那勢必就很難銜接整個社會的需求跟進步。[2]

一九九六年，廖嘉展開始思考如何像新港一樣有一個基金會，透過公共的參與，結合更多的社會資源和力量投入社區工作。一九九九年二月，在許多朋友的支持下，於埔里成立「新故鄉文教基金會」，嘉展擔任董事長。他希望透過社區營造，看看可以用什麼樣的方法來帶動整個社會往更有持續性的方向發展。

那時，他協助中華民國社區營造學會策畫出版一本推動臺灣社區營造理念與實務的雜誌——《新故鄉雜誌》，擔任中華民國社區營造學會理事的嘉展，也同時擔任總部就設在埔里的「新故鄉雜誌社」社長兼總編輯。隔年，這本雜誌榮獲新聞局

2 同前註，頁190-216頁。

金鼎獎最佳新雜誌獎，二〇〇一年又拿下金鼎獎最佳編輯獎及最佳人文社會類雜誌獎。

劫後餘生發願投入災後重建工作

一九九九年二月**「新故鄉」**成立，七個月後就碰上了百年強震。埔里鎮受災嚴重，二二〇位鄉親罹難，六千二百五十棟房屋全倒，六千六百棟房屋半倒，嘉展的家屋也因樑柱斷裂而拆除。在內外都承受到極大的壓力，不知該何去何從的時候，嘉展收到許多外界朋友的關心，「新故鄉」董事會也決定成立「埔里家園重建工作站」。在全盟的邀請下，「埔里家園重建工作站」加入全盟聯絡站的網絡。

這個工作站是希望以「新故鄉」作為地區重建的平臺，媒合社區的需求跟外界的資源，讓外界資源進到社區時，可以達到最大的效益。當時規劃了四項重建的工作，包括生活重建、校園重建、社區重建以及重建紀錄等等。

PART Ⅱ

桃米社區的再造之路

創發桃米生態村的願景

一九九九年十月，「新故鄉」接受桃米社區的邀請，協助災後重建。桃米可說是整個埔里鎮最為貧窮的社區。當時，社區的朋友常自我解嘲說，這個地方窮到連鬼都不敢來。因為整個桃米社區多屬於丘陵台地，沒有太多的可耕地，最大的產業就是麻竹筍。靠麻竹筍討生活是很辛苦的，常常得三更半夜就到山上去挖竹筍、剝竹筍、扛竹筍，加上麻竹筍加工製品常賣不到好價錢，導致社區年輕人國中畢業之後，就立志要離開自己的家鄉出外謀生。青壯年外移，使得社區人力相對老化。地震之後，社區困境雪上加霜，要用什麼方式來面對社區的重建和發展，是嘉展心心念念的問題。

嘉展回憶，當時受邀進到桃米，並沒有馬上想到著手硬體的建設，而是和居民共同思考社區所面對的問題，同時進行社區資源的調查。嘉展認為，社區資源調查是一項最基礎的工作，許多社區在從事社區營造的過程，不是忽略社區資源調查的重要性，就是在進行社區資源調查跟差異化分析的過程，缺乏科學或創新的設計。

他進一步解釋，地方永續發展如果沒有以社區的資源來支撐是很困難的，特別是在缺乏人才、技術、土地和資金的地方，只有靠社區的資源，透過新的詮釋與新的體驗，才能有機會將社區資源轉化為社會資本，形成一種新的發展模式。在這樣的想法下，「新故鄉」展開產、官、學、社跨域合作，邀請特有生物研究保育中心彭國棟主任秘書、特有生物研究保育中心研究團隊及許多專業者到社區來協助資源調查，讓桃米豐碩的生態資源得以完備呈現。「新故鄉」也請他們在調查過程中帶領居民一起進行社區產業與社區生活環境改造的討論，歷經一年多的討論和凝聚共識，終於創發出桃米生態村的重建願景。

運用生態化的方法逐步實踐生態村的願景：從生態工法開始

嘉展回憶，當時他對社區的朋友講，以後你們靠著一支麥克風就可以有飯吃了。當下就有社區的長輩吐槽說：「以後若是靠一支麥克風就有飯吃，我就把頭剁下來給你當椅子坐。」（臺語）想想，十八、九年前兵荒馬亂的時候，對「生態」完全沒有認知的社區居民講所謂的生態村、生態旅遊，諒誰也沒有把握。事實證明，透過社區居民的參與學習，把整個社區運用生態化的方法逐步實踐生態村的願景，是一件非常重要的事情。

「新故鄉」用盡苦心說服進到社區的工程都盡量要以生態工法來營造。在那段期間，基金會透過勞委會以工代賑的方案，聘僱了二十五位村民組成苗圃班，到山上去採集原生植物的種子，自己育苗。現今在桃米社區內約有五萬多棵原生苗木，都是那個時期種下的，有的已經兩、三層樓高了。

除了種樹，溼地營造和河道改善工程也都以生態工法進行，形塑桃米社區獨特的生態景觀，也成為物種的棲息地及生態旅遊與環境教育的場域。在桃米大大小小

桃米社區是青蛙老闆的故鄉。

6/17

很久以前魚池五城缺乏米糧，必須到埔里購米，這處挑米必經的小山村就有「挑米坑仔」的稱呼。

今天這張手稿，樸實憨厚的虎皮蛙挑著米擔，妖嬈美麗的莫氏樹蛙老婆背著小蛙蛙跟在後面，想表達桃米今天人蛙互相依存的農村樸實生活，對我來說虎皮蛙就是一隻鐵錚錚的漢子，而莫氏樹蛙者則是大家公認最性感的青蛙。

的生態溼地，成為生物多樣性的保存庫。青蛙高興入住，紅冠水雞白腹秧雞悠游其中，蜓飛蝶舞，各種不同的物種都回來了，「一鳴驚人蛙蛙叫！」生態旅遊成了桃米的響亮招牌。

透過認證制度培力家鄉的代言人

在推動生態旅遊的另外一項重要的工作是培力自己家鄉的代言人，也就是解說員。一開始，就規劃解說員的認證制度，要通過認證的解說員，才有資格擔任社區解說的領團工作，這個規矩一直到現在都還是如此。二〇〇一年得到飛利浦公司贊助一二〇萬元教育培訓費用。隔年，飛利浦就以這個贊助計畫得到全球社會企業競賽的第一名。

具備生態專業的解說員不只是引領遊客深刻體會桃米的情境跟生態之美而已，他們還得參與社區關懷、社區資源調查、監測及整個社區生態倫理的維護。生態資源的調查與監測是生態系非常重要的基本功課，因為有這樣紮實的調查與監測，才能理解整個社區的環境樣貌，才能邁向可持續性地利用。

以特色民宿為平臺，創造人跟環境的互動

接下來，「新故鄉」透過以社區資源為本的發展方式，輔導民宿的經營，如今四十家各具特色的民宿，提供優質的住宿空間。他們不只是做生態民宿，也把藝術放進民宿裡面。二〇一四年起，「新故鄉」開始推動民宿藝廊的工作，包括結合在地藝術家，把社區裡面許多的故事，透過藝術基地，形成可以跟外界溝通的平臺。

「桃米民宿只作唯一，不爭第一。」每家民宿都擁有它的獨特性，並且能夠透過合作，讓遊客從環境跟人的互動，看到民宿、看到整個環境跟人共同成長的生命故事。

社區媽媽與社區長輩帶給社區豐厚的文化與藝術內涵

除了解說員的培訓與認證外，「新故鄉」也請來名廚，幫助社區媽媽提升料理能力，創造出社區自己的特色點心。過去，在地居民會吃真正的青蛙，現在社區不能再吃青蛙老闆，而是把牠們的形象透過紅龜粿轉化成青蛙粿，成為叫好叫座的點心。基金會也鼓勵社區媽媽將早年學習的裁縫技藝製作成青蛙布偶，是很受歡迎的伴手禮。

二〇〇四年，「新故鄉」就在桃米開辦「桃米長青繪畫班」，透過藝術安頓社區長輩的心靈。雖然一開始阿公阿嬤都直喊不會畫畫，但經由陪伴、輔導與鼓勵後，每個都是深具潛力的畫家。有阿嬤表示，這是她人生中最幸福的時候。阿嬤說，畫畫是她從小的心願，但是國小畢業後就開始工作，工作幾年，婚後的繁忙生活讓她沒有閒暇繼續作畫，一歇筆便是六十年。加入長青繪畫班後，重拾繪畫的喜悅讓她走出病痛，感覺人生的幸福時刻。

在畫畫過程，阿嬤們找到人生的意義跟價值。後來，紙教堂每年都為這些阿嬤

▲桃米和內加道社區的長青繪畫班，透過藝術安頓長輩心靈。

們舉辦大型畫展。阿嬤們從一開始認為那支畫筆比鋤頭還重，到最後可以畫出大幅作品，這是大家都很難想像的結果。阿嬤們也成為交情深厚的社群，每次作畫完畢，大家會分享自己帶來的點心。長輩們的成長是開辦「桃米長青繪畫班」最感欣慰的成就，這些長輩們背後都牽動了整個家族與社區的向心力，透過這樣的過程，我們也看到桃米社區日漸豐厚的文化積累與藝術涵養。

出版繪本、3D動畫與桃米聲景記錄

二〇一一年，繪本作家玉米辰出版《青蛙不必變王子》繪本。二〇一四年，動畫導演楊仁賢發表3D立體動畫《桃蛙源記》，都是以桃米的生態場景作為繪本與動畫故事的腳本。動畫是關於一個青蛙家族在遇到牛蛙攻擊後，尋找桃蛙源的故事。《桃蛙源記》把臺灣許多著名的景點都畫進去了，最後青蛙家族找到桃米的草滴濕地作為牠們安居樂業的好所在。

二〇一四年起，「新故鄉」透過聲景藝術家吳燦政的記錄及解說員的共同參與，把桃米生態聲音的紀錄放到「世界聲景資料庫」網站。[3]二〇一六年作曲家林芳宜以桃米生態及溪流的聲音為基礎，發表〈我們的溪，環境交響詩〉生態音樂原創發表；二〇一九年作曲家陳廷銓創作《桃米四季》協奏曲，是融合生態環境元素及地域精神的中大型溪流交響詩。震後二〇年的桃米，在瘠土中慢慢綻放屬於自己的文化花朵。

移築紙教堂，搭建臺日交流的橋梁

時序走到二〇〇四年，廖嘉展心中思考著二〇〇六年九二一地震重建推動委員會將結束業務，面對回歸一般化社區發展型態，那些自地震以來具備一定社區營造能量的社區組織，以及面臨經費逐漸緊縮的非營利組織，彼此之間有沒有可能透過一種前瞻性的模式，形成後重建時期的互助網絡發展機制？讓社區的利害相關者、

3 「世界聲音資料庫網站」：http://aporee.org/maps/

非營利組織、產業組織及有意願發展的個人進行結合，並將它予以產業化，形成「新型態的社區產業模式」或是「社會企業」，這樣的願景要如何成為可能呢？

二〇〇五年一月，廖嘉展應邀率團參加阪神地震十周年紀念活動，來到神戶市重要重建基地─鷹取紙教堂，他無意間得知紙教堂將要拆除，改蓋一座永久性的教堂。他在晚宴上代表致詞時，即脫口說出，希望這座要拆掉的紙教堂可以移築到臺灣再生，成為臺灣與日本在地震之後的社區重建交流平臺。這一提議震撼全場，日方也很爽快，三天內即決定要將這座陪伴神戶市民十年的紙教堂送給臺灣。

我在得知這項消息後，問了嘉展紙教堂移築埔里的經費需求與財源，他笑著不回答。我隨口對他說了「向天借膽」這句話，後來也成為嘉展在介紹紙教堂時必談一件往事。當時，九二一震災重建基金會就快要解散清算，我也在既有的計畫內承諾，答應提供部分經費支持。事實證明，支持是正確的。惟一的遺憾是沒有給予全額的支持，讓嘉展和新珠背負了好幾年的債務。

二〇〇五年「新故鄉」著手組織章程的修訂，設立附設社區見學中心，而紙教堂的移築再生，更加速「紙教堂新故鄉見學園區」實體空間的推動。

NUKE

建構創新且具振興地方微型經濟的網絡運作模式

二〇〇八年，九二一地震九周年，紙教堂在臺灣落成啟用，開啟新故鄉文教基金會從非營利組織轉型成社會企業的序幕。開園到現在已吸引超過三百五十萬人次前來參觀，每年舉辦百場左右的各種活動，成為九二一地震之後的亮點，帶動埔里的整體發展。紙教堂是一個基地，它以地產經濟的綜合氛圍行銷在地的價值，更提升了桃米、埔里的能見度，具燈塔效應，讓地方被看到。這裡賣的不只是商品，而是地方的價值與品牌。紙教堂園區同時也是生態、美學、建築的場域，環境優美，坐落在森林綠意中的紙教堂，讓遊客感受到這座傳承人類互助關懷的小小空間所散發的巨大力量。

紙教堂是榮獲二〇一四年普立茲克建築獎的坂茂建築師的社會責任之作，二〇一一年，負責紙教堂再生規劃的臺灣建築師邱文傑也以此設計獲選為中華民國優良建築師獎。評審團認為：「以平民材料C型鋼為單元，大量繁殖運用，並採焊接手法展現手工藝精神，為臺灣庶民建築發聲，提升平民建築至較精緻的領域。」

二〇一七年五月，根據DailyView網路溫度計運用「KEYPO大數據關鍵引擎」的調查，紙教堂是臺灣年輕人心目中「最浪漫嚮往的結婚聖地」第二名，更是「全球十大朝聖人氣教堂」第五名。該調查如此描述紙教堂：

一九九五年時日本發生了嚴重的阪神大地震，讓有近七十年歷史、當地天主教徒信仰中心的鷹取教會建築遭到震毀。為了讓居民與信徒趕快從被絕望與悲傷包圍的氣氛釋放出來，日本建築師坂茂運用他的想像與設計力，打造了一座紙管為建材的教堂，以最簡易卻不失美感的發想、最快的速度建造起紙教堂，成為一項重建之路的希望指標。[4]

4　參見網路溫度計：〈朝聖全球十大人氣教堂，在臺灣就有兩座！〉，遠見雜誌，二〇一七年六月一日貼文。https://www.gvm.com.tw/article.html?id=38469

教育學習改變觀念，用行動來實踐願景

嘉展在走過桃米社區的再造之路後，總結地說，整個社群經濟營造的過程，必須透過教育學習的過程來改變觀念，觀念改變之後，大家才會更願意用行動來實踐。這跟佛學的許多道理是相通的。也就是說，我們需要透過許多的啟蒙、更多的學習，甚至是從個人對生命價值的察覺，才能找到自己。要如何找到自己？甚至是找到人生的方向呢？地震給我們很多的功課，也給我們很多的機會，這樣的功課跟機會，對我們來講是需要有一個長期陪伴的過程；在過程裡面，大家在遵守追求願景的前提下，使用不同的發展方法、策略與資源整合；也在這樣的過程裡面，解決內部的矛盾、衝突，以至於大家更願意往前邁進。

PART Ⅲ 從桃米生態村到埔里生態城鎮

社群力量的結盟：找尋連結的元素，從小社區連結到大城鎮

二〇一〇年下半年開始，埔里地區的NGO開始思考埔里的願景：能不能把「桃米生態村」的經驗擴大到「埔里生態城鎮」？在半年的跨域討論中，蝴蝶成為引領埔里生態城鎮發展的吉祥物。

二〇一一年起，「新故鄉」揭舉「再現埔里蝴蝶王國」的文化標竿，進而倡議在大埔里生活圈內（埔里鎮、魚池鄉、國姓鄉、仁愛鄉）展開跨域協同合作的生態城鎮營造計畫。包括：（1）從蝴蝶資源調查到棲地營造；（2）從生態解說員培訓認證到蝴蝶環境教育列車的推動；（3）從蝴蝶資訊庫的建立到蝴蝶生態旅遊軸線的推廣；（4）從蝴蝶藝文活動的辦理到埔里Butterfly交響樂團的成立等等；都依循以生態環境為本，以住民為主體，以地域資源的有效應用為前提，透過互助合

作，共創人與環境雙贏的生態城鎮行動。這幾年來，「再現埔里蝴蝶王國」已深深烙印在埔里各社群的工作裡。

根據過去成立園區的轉型經驗，嘉展很清楚要透過社會企業發展的路徑，才有可能鞏固「新故鄉」及地方的轉型能量。當從政府部門或私人取得資源有困難的時候，就需要靠社群的力量。透過社群力量的結盟，共同發展，每一個團體都有他的角色跟位置。在這個想法底下，二〇一〇年下半年起，許多地方社團就開始思考，有沒有可能把桃米生態村的概念，擴展到大埔里生態城鎮呢？在這樣的發想下，找到了一個重要的，可作為社群連結的元素—蝴蝶。

回顧一九六〇到一九七五年時間，蝴蝶曾是埔里重要的產業。每年犧牲的蝴蝶數量超過二千萬隻，被作成各種不同的標本和工藝品，外銷到全世界，可以說是埔里很重要的經濟來源。時空轉變，發展形式當然要有所不同，其中最重要的是把對蝴蝶的愧疚，轉換成對蝴蝶的回饋，所以，當下要作的是蝴蝶棲地的營造；未來，則是要把蝴蝶的藝術元素融入到新的文創產業與生活內涵，並將它與大埔里地區的城鎮轉型相結合在一起。

這樣一個透過社群合作，所形成的公共治理模式（從生態保育，觀光發展及文化產業相接合），很重要的是學會跨域合作的能力，才能以社群的力量推動生態城鎮的進程。

美，是一個動人的元素，透過美的元素，重新讓我們對生命、對環境有更多的體驗。

在這個過程，「新故鄉」和埔里地區的NGO透過許多的教育，包括蝴蝶生態解說員的培訓跟認證、生態城鎮系列講座，甚至到學校、到社區去開設各種不同的課程，營造蝴蝶棲地的示範地，讓蝴蝶的美可以回到身邊。他們把蝴蝶相關的食草、蜜源植物，轉化結合成為人可以食用的料理，舉辦「與蝶共餐」蝴蝶餐創意料理比賽，有社區、有餐廳參加，也得到好評。未來，更重要的是如何將蝴蝶的美與文化、文學、美術、戲劇、音樂及自然相結合，形成一個新的創意，與時尚產業相連結，讓年輕的創意工作者、藝術家們可以運用這些元素，發展出更多的創新產業。

成立Butterfly交響樂團

除了這些可以看得到的元素外，二〇一二年，「新故鄉」在紙教堂舉辦一齣音樂劇：「三隻毛蟲闖天下」。在音樂劇的表演過程，嘉展驚訝地發現埔里竟然有一群老師跟孩子，可以用弦樂演奏出如此震撼之音！隔年，埔里地區的幾位朋友就發想，有沒有可能組成一支樂團？二〇一三年，台灣第一個靠鄉鎮居民力量所促成的埔里Butterfly交響樂團（以下簡稱）「Butterfly」，就在台灣之心誕生了。

「蛹之聲音樂培力計畫」讓在地孩子得到生命支持的力量

「Butterfly」成立以來，以音樂關懷社會，讓音樂走到需要的所在，從老人院、醫院、社福照顧機構到偏鄉小校等地方，都可以看到他們的腳蹤，每一次演出都受到許多的鼓勵與感動。二〇一六年，「新故鄉」、「Butterfly」、暨大和暨大附中進一步發起「蛹之聲音樂培力計畫（El Sistema Puli）」，透過扶持各校特色樂團的成立、

▲蛹之聲音樂培力計畫帶動多元且平權的文化參與。

聯合團練的成軍、音樂營的辦理等，串聯大埔里地區從小學到大學的音樂教育系統，要帶動多元且平權的文化參與。至今已有十七所學校、三百九十五位孩子參加「蛹之聲音樂培力計畫」。這個計畫讓在地的小孩，尤其是弱勢家庭的小孩子們，可以從學習音樂的過程，產生對生命不同的體驗跟感動，讓他們在人生的過程，可以得到更多的生命支持力量。

一個小小的鄉鎮要支持一支交響樂團，而且要讓大家可以看到樂團存在的力量和價值，確實不容易。二〇一六年十一月，嘉展帶著七位孩子到東京三多利音樂廳，為遭受三一一大地震海嘯重創的岩手縣大槌町音樂廳及戶外劇場重建工程募款義演[5]，其後並到三一一災區交流演出，得到許多日本朋友的感動。

PART IV 以生態為本的永續發展

發展「自然農業」，生產安全又充滿生命力的農作

生態城鎮的推動是要靠社群網絡的關係，而不是單靠政府有多少預算、多少計畫投入。嘉展希望透過生活者自我的察覺和努力，去面對自己生活的問題，也希望透過這種彼此資源的連結，去形成共同發展的途徑。這樣的方式，已經在埔里形成一個非常重要的社會發展模式。「新故鄉」舉辦各式各樣多元的活動，與同樣懷抱生態城鎮理念的社群展開合作，例如，埔里每年舉辦的生態城鎮園遊會，就是靠各個社團的努力與志願，一起聯合辦理。

5 二〇一一年日本發生三一一地震後，基金會結合來自九二一地區的藝術家，為岩手縣大槌町市街僅剩的惟二牆壁進行希望之樹的彩繪，並結合Butterfly交響樂團弦樂五重奏，至三多利音樂廳為大槌町興建音樂廳的重建夢義演。

埔里這幾年受到PM2.5的影響，很多的媽媽與學生們站出來，為環境的問題走上街頭，到社區與學校辦理環境教育講座等等。結合空污減量自救會及暨大關心環境的師生，一起呼籲居民重視PM2.5所引發的環境及健康課題。

近來，基金會與韓國自然農業專家趙漢珪合作，計畫發展出一套自然農業的方法，利用在地的微生物改良土地，也把它運用到畜牧、養殖等領域，希望讓生活者都可以吃到最安心的食物。

四十多年來致力推動自然農業發展的趙漢珪指出，農村後繼者的流失，是最為深刻的農村環境破壞，這是非常值得大家深思的危機。當農村的人口不再流失，農村裡面還可以聽到小孩子的哭聲、歡笑聲，才是農村開始復甦的時候。他說，農業是天職，不只是職業，自然農業是要讓週邊社區能夠過更好的生活。農業不是娛樂和技術，它是一種愛情的表現，是要把小孩健康養育成人，是要守護全體國民的健康。自然農業就是依循自然的道理，藉著在地微生物的力量，生產出安全又充滿生命力的農作。這是尊重植物和動物的基本權利，發揮它們的潛能，最大限度地利用自然的力量來發展農業。紙教堂周遭的自然農園，每個田區保留一定空間作為野生

動植物棲地，十八個大小不一的生態池擁有豐富的生態與環境美學，這裏結合生產和生態，是環境教育、食農體驗絕佳場域。

與暨南大學共同推動「埔里生活生態博物館網絡」

大埔里生活生態博物館結合在地NPO、暨南國際大學、大埔里地區觀光產業、藝術家、地方文史工作者等，一起為文化的打造與傳承而努力。

基金會正跟暨南大學共同推動「埔里生活生態博物館網絡」。廖嘉展解釋說，此概念是源自每一個地方都存在著非常值得珍視的資源，生活生態博物館網絡是要將這些資源連結成一種可以在生活裡面被看到，並且具有生產力與詮釋力的文化內涵。透過這種文化內涵的呈現，可以讓更多人去理解在地從資源、生態到轉化為產業的過程。透過這樣網絡關係，創造新的地方力量，讓公共利益可以最大化的發展，並產生新的社群經濟發展模式。這種社群經濟的發展不以個人，或者只是純粹金錢的收入為目的，而是要看到人的價值、環境的價值，與彼此之間因為這種價值的連結跟創新所呈現的社會總體價值。

基金會跟埔里在地NPO所作的努力都是在實現災後復興的工作與城鎮轉型的發想，這個力量或許還很小，但相信它會像蝴蝶的翅膀所掀起的一陣風，雖然微小，但只要蝴蝶效應啟動，世界是可以變得更美麗的，而這些正是新故鄉基金會與埔里在地NPO所共同期待的。

從學習、培力，到陪伴，從一個偏遠的桃米社區，到抓住一個重要的，可作為社群連結的元素（蝴蝶），把社區生態村的概念，擴展連結到大埔里生態城鎮。這個以生態為本的永續發展歷程，並不是一帆風順，而是有著許許多多的矛盾與衝突。這是廖嘉展與顏新珠夫婦以及一群同甘共苦的同事與好友們，用盡二十年的歲月一步一腳印、披荊斬棘所開創出來的。天上沒有掉下來的成果，掉下來的是「責任」！

讓太平藍登上世界舞臺

——葉晉玉

如果藍染工藝沒有結合土地，就少了感動人心的生命力。二十年來，「水源地文教基金會」獲獎無數，為臺灣無數需要再造的農村社區帶來希望的火種，葉晉玉結合當地，傳承客家手藝，讓太平藍登上世界舞臺。

寧靜的太平市

臺中縣太平市（今臺中市太平區）位於臺中市偏東南，面積約一二〇・七平方公里，僅次於和平區，是臺中市面積第二大的轄區。九二一震災中，八十六人死亡，二十三重傷，房屋全倒二千二百零八棟，半倒二千零九十八棟，與大里市並列為九二一震災重災區。但是在九二一災後重建期間，除了其中的新坪生活公園住宅大樓住戶分別對建商宏總建設及臺中縣政府提起損害賠償團體訴訟及國家賠償，並偶有抗議行動而露出新聞版面外，太平市在九二一重建期間可以說是相對「寧靜」的受災地區。

在臉書社群盛行後，我注意到「葉晉玉」經常在臉書貼文宣傳「太平藍」的獲獎訊息，並貼出水源地文教基金會經營太平市頭汴社區的活動照片，讓我回憶起當年水源地文教基金會似曾出現在大甲溪畔松鶴部落的重建提案中。一直到去年底，因為參與行政院國家永續發展獎評審，才有機會進一步認識這個在太平頭汴社區深耕多年的水源地文教基金會和基金會的靈魂人物—董事長葉晉玉。因為他們的堅持與深耕態度完全和我想要介紹的其他案例相符合，在徵得葉晉玉董事長同意後，把他們的努力過程和成果一起介紹給國人同胞。

源起臺中，在地深耕

水源地文教基金會起源於臺中市北區水源地社區，於一九九八年五月由前省議員程惠卿女士與致力於文化學術教育的專家學者、社會人士們發起成立。基金會成立之後程惠卿女士即退居榮譽董事長，聘葉晉玉擔任董事長至今。這個在地、鄉土的民間組織以「發展文化、教育、藝術、科學等事務」、「提升國民文化生活素養」為宗旨，並以「辦理社會教育文化活動，推動各項人才培育計畫」、「深入鄉鎮社區辦理地方性之教科文化及體育活動」、「辦理有關兒童、青少年、婦女、老人之社會福利活動及照顧弱勢族群，推動特殊教育」、「出版或製作文化、教育有關之出版品」、「推廣志願服務相關教育活動，並培訓志工」為重點。

水源地文教基金會成立後隔年即遭逢九二一強震，在當地組織紛紛參與災後重建之時，基金會也義無反顧的投入，承接包括「多元就業開發」、「重建區社區報」與「社區總體營造計畫」等在內的九二一重建方案，服務的足跡更是遍布臺中縣市主要災區。

結合在地與專業打造「太平藍」品牌

除了承接政府的九二一災後重建計畫外，基金會更於二〇〇一年在太平市成立

太平頭汴坑工作站，開始扎根的準備。小時候從桃園平鎮搬到臺中太平的葉晉玉在協助重建過程中，無意間接觸到太平頭汴坑的客家庄。也是客家人的葉晉玉發現太平頭汴坑客家庄曾經有過藍染工藝，但這項產業在化學染料的威脅下已經消失七十多年。

二〇〇八年，基金會將完成階段性任務的太平頭汴坑工作站轉型為「太平藍染創作工坊」，號召社區媽媽重拾藍染，一起努力把頭汴社區的經濟復甦起來。但因當時的社區藍染創作並沒有明確的產品定

位，加上技術與品質問題，沒有穩定的通路和訂單，所以跟九二一震災後其他社區興起的微型經濟產業一樣，面臨無以為繼的窘境。但葉晉玉並沒有因此而退縮，反而更積極培訓、聘僱當地的中高齡社區媽媽投入藍染工藝，並邀請藍染工藝師湯文君和亞洲大學時尚設計系主任林青玫前來指導，且找來不同領域的設計師，如詹雅汶和江婕妤等，將現代創意設計融入傳統藍染風格，製作出在地的特色商品，建立屬於在地的藍染文創品牌—「太平藍」（Taiping Blue）。

「太平藍」以「藍染時尚、精緻手感、工藝美學、自然元素」為訴求，製作新風格的臺灣植物藍染用品，把藍染的元素注入服飾、配件及生活用品，透過藝術創作與商業機制，將太平藍染的文化特色發揚光大，增強民眾對藍染工藝的文化認同。

二〇一五年，運用水管紋呈現水流動感覺的「水源精神」，開發系列包包，並結合客家花布，為肩背包、側背包等產品作不同的個性詮釋。

二〇一七年，葉晉玉帶著客家藍染前往歐洲三大展會之一的「法國巴黎國際家飾展」參展，在這個被視為家飾潮流指標的會場上，「太平藍」以一系列結合原住民文創元素的客家村莊藍染工藝，獲得國外人士的青睞。他們無法想像這些藍染工藝作品竟然來自臺灣臺中默默無聞的偏鄉小社區。

首度在歐洲登場後，太平藍更推出以水波紋技法呈現的「藝舒活」家飾系列，像是餐墊、桌布、抱枕、檯燈等，登上巴黎家飾展的國際舞臺。

二〇一八年，則是推出新的主題「藍金歲月」，把過去染料的古名及文化脈絡放入家飾品中，為藍染增添更多風雅與在地深度。

結合地方休閒產業復甦社區經濟

除了開發太平藍染產業外，基金會也結合頭汴社區地方休閒產業，在太平頭汴坑設立「太平市深度旅遊服務中心」，積極復甦社區經濟，希望恢復早年太平最有名的旅遊景點—蝙蝠洞。昔日由於遊客的打擾，導致蝠去洞空，長年以來都是有名無實。在基金會與社區民眾的努力下，歷經十年的保育，二〇一四年成群的蝙蝠終於回到蝙蝠洞。

看來過程艱難，其實發想很簡單，葉晉玉只不過單純地覺得，既然景點叫做

「蝙蝠洞」，總不能只有洞沒有蝙蝠。想要讓蝙蝠飛回來，就得先讓牠們的家像個家。為避免重蹈覆轍，復育成功之後，只開放部分空間讓人參觀。葉晉玉強調，恢復蝙蝠洞並不只是為了讓人可以再多看一眼葉鼻蝠的風貌，而是讓葉鼻蝠能夠在棲地中生生不息，牠們的「一生」比人們的「一眼」來得重要。這其中除了反省之外，有著更深層的生態關懷。

透過文化體驗、永續藍染工藝

五年來，太平客家藍染代表國家參加世界各國重要的商展，足跡所至包括法國巴黎、美國聖地牙哥、日本東京、新加坡、泰國曼谷及中國。太平藍設計的產品，每每令全球買家驚艷不已，不僅打響了臺中太平在地社區的知名度，更讓臺灣的客家產業在全世界發光發熱。

葉晉玉指出，臺灣藍染產品過去很少用主題系列的方式呈現，「太平藍」借鏡設計師到國外參展的經驗，策略性思考產品研發，利用不同的藍染手法，演繹不同產品，提高創意強度。

葉晉玉說，如果藍染工藝沒有結合土地，就少了可以感動人心的生命力。因此在發展太平藍產品設計創意的同時，葉晉玉也將藍染這項客家工藝結合當地社區居民與社團，在地深耕，並推廣到校園，培育臺灣客家藍染的種子。

基金會每年都會在臺中的國中小學舉辦「藍染DIY」活動，每年並設定五十場次的目標，希望透過不中斷地持續推廣，讓藍染這項客家傳統工藝能夠代代傳承，根植於幼年，恆存於日常。

二十年來，國內外獲獎無數

二十年來，水源地文教基金會從協助救災、重建到後來投入社區營造與生態復育，復興藍染並將之發揚光大，每一段歷程都備嘗艱辛，如果沒有不怕挫折的毅力與精神，不可能在農村聚落帶來奇蹟。基金會長期扎根農村社區，從事環境保護及生態蝙蝠復育工作，對地方的永續發展可以說是貢獻卓著。

最近這五年來，基金會代表國家參加世界各國重要的商展，成功地將社區特色產業太平客家藍染工藝行銷到海內外。所到之處，參觀者無不交口讚嘆藍染之美。

歷經十多年的努力，以及不斷的精進與發展，臺中太平頭汴坑客家庄的傳統藍染社區產業，終於在二〇一九年五月十一日首度登上國家級的展覽館—國家文創禮品館進行為期一個半月的特展。

這幾年來，水源地基金會在國內所獲得的肯定及太平客家藍染在國際舞臺上獲得的獎項有：

- 二〇一六年六月，行政院環境保護署第四屆國家環境教育獎團體組優等獎。
- 二〇一七年三月，太平藍入選文化部國立臺灣工藝研究發展中心「二〇一七年NOOK亞洲．新加坡國際家具展」，並代表臺灣獲得新加坡國際家具展（手工藝及工藝品類）最佳裝飾評審團大獎。
- 二〇一七年十月，葉晉玉董事長獲頒國立海洋大學傑出校友獎。
- 二〇一七年十二月，獲勞動部二〇一七年國家人才發展獎。
- 二〇一八年五月，葉晉玉董事長代表臺灣參加美國加州聖地牙哥ATD 2018 International Conference & Exposition 國際會議。
- 二〇一八年十一月，獲勞動部勞動力發展署中彰投分署第三屆勞動典範獎。
- 二〇一八年十二月，獲行政院二〇一八年國家永續發展獎。

累積的獎項，足以證明水源地基金會在葉晉玉董事長的帶領下，已經為臺灣無

▲水源地文教基金會辦理國際工作營做長輩關懷服務活動。
◀葉晉玉（右）穿上客家藍染蝙蝠裝。

數需要再造的農村社區帶來希望的火種，而結合當地社區居民的太平藍更是光榮地登上世界舞臺。這已不僅是社區產業品牌，更是地方創生典範。

社會企業的理念早已紮根，地方創生也早已啟動，他們走在倡議者之前，是政策的先行者。[1]

1 相關報導請參見黃詩茹：〈找到太平藍，找回藍染在生活裡的顏色〉，非常木蘭網站，貼文日期不明。http://www.verymulan.com/story/找到太平藍，找回藍染在生活裡的顏色-14777.html?subtag_id=133

地方創生先驅者，博士回鄉推生物科技

——賴敏男

為了解決我國總人口減少、高齡少子化、人口過度集中大都市及城鄉發展失衡等問題，行政院於二〇一八年成立「地方創生會報」。同年5月，行政院賴清德院長親自主持「行政院地方創生會報」，決定將地方創生定位為國家安全戰略層級的國家政策，以積極因應我國總人口減少、高齡少子化、人口過度集中大都市及城鄉發展失衡等問題，並以促進島內移民及首都圈減壓，達成均衡台灣為目標，進而將二〇一九年定為「台灣地方創生元年」。主責的行政院國家發展委員會也擬訂台灣版的「企業投資故鄉」、「科技導入」、「整合部會資源」、「社會參與創生」、「品牌建立」等五支箭，要來解決台灣所面臨的難題。走在地方創生政策之前，賴敏男博士認為南投縣是農業縣，適合發展農業生技產業，於是將其最在行的生物技術導入自己的家鄉，並在自己的家鄉投資與建實驗室與生產工廠，創造三十個就業機會；賴敏男博士回鄉發展農業生技產業，是「地方創生」的先驅者。

南投縣草屯鎮雙冬里曾因種植檳榔、適百攤的「雙冬檳榔」檳榔攤而名聞全國。現在則因賴敏男博士回鄉發展農業生物科技產業，慢慢在改變家鄉農業的體質，九二一地震發生的前一年把公司搬回家鄉「雙冬」，廿一年的努力，現在再問「雙冬有名的是什麼？」，里民會說：「我們雙冬有賴敏男博士！」。

現年八十歲的賴敏男，在草屯雙冬農家出生、成長，務農辛苦又賺不到錢，因此他的兄弟姊妹都不從事農業，紛紛外出作生意，只有他對農業有興趣，總是想著「如何讓務農也能賺錢」，他知道知識才能突破困境，因此到日本大阪府立大學農化研究所攻讀碩士，一九七二年拿到碩士學位返台，先在食品工業發展研究所從事研究工作，研究的項目包括：農產品加工、發酵食品、菇類，其中菇類部分主要是協助洋菇產業，協助農民栽植的洋菇製成罐頭外銷美國，當時台灣靠著栽種洋菇外銷賺了不少外匯，洋菇外銷產量世界第一。

任職食品工業發展研究所九年，賴敏男考進國立台灣大學農化研究所博士班，拿到博士學位後，決定自己創業，一九九一年在新竹創立康建生物科技公司，從事研發工作，接受其他生技公司的委託做菌菇類相關產品的研發。因研發產品符合市場需要而大賣特賣，葡萄王公司就以最優惠的條件聘他擔任公司顧問，協助該公司跨入剛要起步的生技產業。賴敏男說，年輕時離開雙冬，從赴日進修到後來創業，都沒有想過有一天會回鄉創業，且創業後也在苗栗頭份買了地，準備條件俱足後蓋廠房從事生技產品的生產，但計畫趕不上變化，一九九八年在新竹租的土地，地主急著要出售，公司被迫得搬出，時間緊迫下，突然想到雙冬老家，因兄弟姊妹全外出從商，父母也不在了，老舊三合院無人居住，這片三合院成了他的「及時雨」與「避風港」，他把新竹公司的設備和材料先搬回三合院，暫時在老家做一段時間，等時間成熟在回到苗栗蓋廠房擴大營業規模。

世紀大災難九二一大地震，竟意外讓自己成為地方創生的先驅者

搬回雙冬老家一年，賴敏男的心態還停留在「暫時棲所」時，一九九九年九月廿一日凌晨一點四十七分的一場大地震，為南投縣帶來大浩劫，卻也改變了他的想法，故鄉南投縣百廢待舉，但危機就是轉機，當時政府不僅投注大量財力與心力在

▲▶廠房興建期間，從現場監督到機器安裝，賴敏男都親力親為，馬虎不得。

災區建物、公共設施的重建，還包括扶助產業重新站起來及鼓勵企業到重建區創業；當時縣政府得知康建生物科技公司的狀況，也一再鼓勵賴敏男博士留在故鄉草屯設廠創業。幾經思考下，賴敏男認為南投縣是農業縣很適合發展農業生技產業，加上農業生技是他在行也是興趣所在，在徵得家人同意後，他決定「鮭魚返鄉」，在自己最熟悉的土地上，作自己最有興趣的農業生技研發和生產。

「政府在震災重建時期的輔導協助真的非常多！」，賴敏男說，當時手邊沒有錢，在資金不足的情況下，要在老家蓋廠房談何容易，只好先把苗栗頭份的土地賣掉換得現金，加上政府協助取得銀行貸款，資金才不致捉襟見肘。申設工廠的過程中政府也都大力輔導，終於取得建照、使用執照與工廠登記證。由於當時興建廠房的資金無法一次到位，但他並不氣餒，他心想：「等到有錢了再擴廠，現在先有基本的就好！」，在他穩紮穩打、有錢了再增建廠房的打算下，他花了六年的時間才把工廠建置完成。現在他所創立的康建生技公司的工廠，在團隊們「穩紮穩打」的戮力經營下，已是栽培、萃取濃縮、噴霧造粒與充填包裝等作業一條龍的生產基地。並且取得TQF（原GMP轉型）、ISO22000、HACCP、HALAL等認證。

廿年的華路藍縷，創業四階段進階

賴敏男博士回故鄉創業，他把發展的過程劃分成四個階段：

第一個階段，繼續作菌菇類研發和接受企業委託作萃取等工作，大約在二〇〇〇年台灣吹起巴西磨菇養生風，草屯鎮的農民種巴西磨菇，並成立一個養菇班。而他在新竹創業時就開在作巴西磨菇的研發，因此九二一地震後就先協助草屯菇農種植巴西磨菇，讓產量和品質都提升。同時也收購農民種的巴西磨菇萃取、濃縮，加工製成巴西磨產品，再交給金德利藥業有限公司推廣行銷全台灣，當時銷售情況很好，一個月行銷兩萬瓶，供不應求。加上南投縣長林宗男和草屯鎮長洪敦仁的幫忙推廣，巴西磨菇為草屯菇農帶來很好的收益。不過好景不長，巴西磨菇熱銷的景況卻因為日本發現巴西磨菇含重金屬成分過高，而告一段落。

第二階段，是發展自己早期研發試作的靈芝、天麻蜜環、猴頭菇產品；當時康建生物科技公司將靈芝粹取物交給藥廠，藥廠只要負責包裝就好，要萃取靈芝的含量比例就由藥廠決定，而康建公司自己也有實驗室，可幫客戶分析成分，俟分析好

康建生物科技

後再送SGS等機構驗證。

第三階段生產的產品更多樣化，「牛樟菇、北蟲草、白樺茸、舞菇、烏苓蔘、桑黃」等菌菇類都在其研發的產品之列。他透露，早在一九八七年就到台灣深山採集野生牛樟菇進行研究，並向國科會（現為科技部）申請到整合型研究計畫「台灣野生樟芝之基源、化學成份及生物活性研究（計畫編號：NSC92-2321-B-037-001），執行期間：二〇〇三年至二〇〇六年）」，參與的大學包括台灣大學、臺北醫學大學、高雄醫學大學及大仁科技大學，其研究成果，深受產官學界肯定。因此這一階段的產品就是應用早期研究的成果開發出來的。

至於第四階段，除了繼續研發靈芝萃取物外，也將產品進軍國外，包括東南亞的馬來西亞、越南，乃至澳洲、中國；因為中國的政策一直在變，外銷也愈來愈困難，所以漸漸地就轉往東南亞國家，像越南近幾年的發展蓬勃，各國都到該越南找機會，而他的產品外銷到越南也有穩定的成長。

除了往國外拓展銷售市場外，賴敏男博士也朝提高品質、增加產量、降低成本等方向努力，並與台灣大學及大葉大學等進行產學合作，就菌菇的藥理、活性、成分、功效…等進行研究，發表在國際期刊的論文就約有廿篇，受到國際肯定。賴敏男強調：「目標就是依消費者的需求時時刻刻改進！」。

九二一重建結束　農業、地方創生產業仍企盼政府關心和協助

賴敏男返鄉廿年，創業過程華路藍縷，他認為，台灣農業要科技化才能為農民帶來更好的收益，而農業生技科學化就需要政府的大力輔導，以色列就是值得台灣學習的榜樣。目前以色列是全世界知名的農業生技產業大國，該國政府全力協助發展，並且每一個發展階段或種類都有規劃，有計畫性的生產，配合國內外市場的開拓，達到產銷之間、供需之間的平衡，讓農民賺到錢。如果我國政府也能根據農民與市場的需求，協助研發、生產等事宜，且有規劃的推動，只要有開始，一定會看到成果。他也以自己多年跌跌撞撞的經驗，誠懇呼籲政府多給農業生技機會，不要讓農業一直在石縫中求生存。

致謝

本書得以付梓成書，除了被報導者無私地分享經驗外，更要感謝所有提供珍貴歷史資料及照片的在地組織與夥伴們：

林建治、黃盈豪、陳一誠、黃泰吉、廖德蘭、陳芳姿、廖振益、邱慶禧、馬麗芬、馮小非、廖嘉展、顏新珠、葉晉玉、賴敏男、黃淑梅、陳亮丰、李慶忠、張燕甲、許文煙、原住民深耕德瑪汶協會、臺灣閱讀文化基金會、龍眼林福利協會、南投縣生活重建協會、新故鄉文教基金會、水源地文教基金會

國家圖書館出版品預行編目（CIP）資料

迸裂土地而出的力量：走過二十年，十二個九二一災後堅持至今的故事 / 謝志誠著. -- 初版. -- 臺北市：蔚藍文化，2019.09

面；　公分

ISBN 978-986-98090-0-9（平裝）

1. 震災　2. 災後重建　3. 個案研究

548.317　　108013179

迸裂土地而出的力量：
走過二十年，十二個九二一災後堅持至今的故事

作　　者／謝志誠
撰稿協力／陳鳳麗（陳一誠、黃泰吉與廖德蘭、賴敏男篇章）
社　　長／林宜澐
總 編 輯／廖志墭
編輯協力／陳芬瑜、潘翰德
企　　劃／彭雅倫
封面設計／林明樺
封面題字／何景窗
內文排版／藍天圖物宣字社

出　　版／蔚藍文化出版股份有限公司、財團法人賑災基金會
　　　　　蔚藍文化出版股份有限公司
　　　　　地址：10667臺北市大安區復興南路二段237號13樓
　　　　　電話：02-2243-1897
　　　　　臉書：https://www.facebook.com/AZUREPUBLISH/
　　　　　讀者服務信箱：azurebks@gmail.com

總 經 銷／大和書報圖書股份有限公司
　　　　　地址：24890新北市新莊市五工五路2號
　　　　　電話：02-8990-2588

法律顧問／眾律國際法律事務所　著作權律師／范國華律師
　　　　　電話：02-2759-5585　網站：www.zoomlaw.net

印　　刷／世和印製企業有限公司
定　　價／台幣420元
I S B N／978-986-98090-0-9
初版一刷／2019年9月